Herz-Knigge ²¹⁰⁰

Haltung, Herzlichkeit, Hilfsbereitschaft

Horst Hanisch

© Erste Auflage 2025 by Horst Hanisch, Bonn

Bibliografische Information der Deutschen Nationalbibliothek: Die Deutsche Nationalbibliothek verzeichnet diese Publikation in der Deutschen Nationalbibliografie; detaillierte bibliografische Daten sind im Internet über dnb.dnb.de abrufbar.

Der Text dieses Buches entspricht der neuen deutschen Rechtschreibung.

Idee und Entwurf: Horst Hanisch, Bonn

Lektorat: Annelie Möskes, Bornheim

Buchsatz: Guido Lokietek, Aachen; Horst Hanisch, Bonn

Umschlag: Christian Spatz, engine-productions, Köln; Horst Hanisch, Bonn

Zeichnungen: Horst Hanisch, Bonn

Verlag: BoD · Books on Demand GmbH, In de Tarpen 42, 22848 Norderstedt, bod@bod.de
Druck: Libri Plureos GmbH, Friedensallee 273, 22763 Hamburg

ISBN: 978-3-7597-7662-4

Herz-Knigge [2100]

Haltung, Herzlichkeit, Hilfsbereitschaft

Horst Hanisch

Inhaltsverzeichnis

Inhaltsverzeichnis

„Nicht unser Hirn, sondern unser Herz

denkt den größten Gedanken."

Jean Paul, dt. Dichter

(1763 – 1825)

Prolog

Prolog – Zur Einführung

Wo ist die Herzlichkeit geblieben?

„Der Kopf weiß nicht, was das Herz vorhat."
Luc de Clapiers, Marquis de Vauvenargues, frz. Philosoph
(1715 - 1747)

Verrohen die Sitten?

Liebe Leserin, lieber Leser,

ich begrüße Sie herzlich.

Ohne große Einleitung frage ich direkt, ob es tatsächlich so ist, dass moderne Umgangsformen, zeitgemäße Etikette, der früher übliche Anstand nach und nach verloren gehen?

Wo sind die Herzlichkeit, die Hilfsbereitschaft, wo ist das Herz geblieben?

Ist es nicht so, dass das Herz im menschlichen Leben außerordentlich wichtig zu sein scheint?

Nicht nur im Wortschatz (herzhaft, herzlich, großherzig, ...), sondern auch in vielen Redewendungen (habe ich mir zu Herzen genommen, das Herz brechen, Hand aufs Herz, ...) wird immer wieder Bezug auf das Herz genommen.

Ebenso beziehen sich unzählige Musiktitel (Ich hab' mein Herz in Heidelberg verloren, Herz an Herz, My heart will go on) oder auch Zitate (Man sieht nur mit dem Herzen gut [vom französischen Schriftsteller Antoine Marie Jean-Baptiste Roger de Saint-Exupéry, 1900 – 1944]) weisen immer wieder auf das lebenswichtige und erwähnenswerte Herz.

Wandel der Gesellschaft

In der aktuellen Zeit (ver-)ändert sich die Gesellschaft – und ebenso die komplette Welt – ständig und unglaublich schnell. Neben Erfindungen, Innovationen und guten Entwicklungen geschieht oft bedauerlicherweise auch Abstoßendes, Erschreckendes und Widerwärtiges.

Parallel dazu äußern tatsächlich viele Menschen das subjektive Gefühl, dass die zwischenmenschliche Höflichkeit, der wertschätzende Umgang untereinander und die gegenseitige Achtung auf der Strecke bleiben.

Der rücksichtslose Egoismus des Einzelnen scheint spürbar zuzunehmen. Die Statistik zeigt eine Zunahme der Gewaltbereitschaft. Gängige Umgangsformen scheinen ihre Bedeutung immer weiter zu verlieren. Wo ist die ach so hochgelobte Vernunft geblieben?

Digitale Welt und emotionslose Künstliche Intelligenz

Findet das Rationale in der digitalen Welt verstärkt seinen Einzug? Oder noch verstärkter in der emotionslosen Künstlichen Intelligenz? Wird in diesen Bereichen das Herzliche überhaupt noch verlangt?

Verstand und Herz im Einklang?

Gleichzeitig scheint das Bedürfnis nach gegenseitiger Achtung wieder zu steigen. Respekt und Toleranz werden eingefordert. Ehrlichkeit und Fairness werden wieder erhofft.

Vernunft ja, aber Herz ebenso!

Immer wieder wird im Buch auf die beiden Ausrichtungen Verstand (Rationales) und Herz (Emotionales) eingegangen.

Ständig ist im Leben die Dominanz des Verstandes wahrzunehmen. Dabei wird das Herz oftmals in den Hintergrund gedrängt. Wäre das gleichberechtigte Zusammenwirken der beiden Kräfte nicht vorteilhafter für den Menschen?

Trilogie des Herzens

Es gibt viele Gründe, weshalb dieses Buch ‚Herz-Knigge [2100'] geschrieben wurde. Es unterstreicht den nachvollziehbaren Wunsch, (wieder) mehr Herz zu zeigen. Die Zahl 2100 steht für das aktuelle Jahrhundert, also die Gegenwart und die greifbare Zukunft.

Vier Kapitel – hier vier Teile genannt – beleuchten das Thema Herz aus verschiedenen Perspektiven.

Der erste Teil des Buchs geht auf das Herz als Symbol und seine Bedeutung im Leben ein. Es zeigt die Vielfalt an Herz-Symbolen im Leben.

Die drei anderen Teile, die Trilogie, befassen sich mit den Schwerpunkten:

- Haltung (Habitus)
- Herzlichkeit
- Hilfsbereitschaft

Der Teil Haltung betrachtet die Gesinnung, Geisteshaltung und die Grundhaltung eines Menschen. Er beleuchtet den einen oder anderen Aspekt der (Unter-)Haltung und der offenen Haltung anderen gegenüber.

Der Teil Herzlichkeit zeigt unglaublich viele Redewendungen und damit Verwendungen, die sich in der Sprache auf das Herz beziehen. Damit wird die Bedeutung des herzlichen Umgangs hervorgehoben.

Schließlich vollendet der Teil Hilfsbereitschaft das virtuelle Dreieck zum Thema Herz. Wie kann kommunikative Hilfsbereitschaft ausgebaut werden? Wo sind Bereiche im gesellschaftlichen und im beruflichen Umfeld im Sinne der Hilfsbereitschaft optimierbar?

Hilfsbereitschaft, die vom Herzen kommt

Die eigene Einstellung der Kenntnis rund ums Herz kann in der Sprache der Auslöser sein, im zwischenmenschlichen Umgang (wieder) sensibler aufeinander zuzugehen.

Eine unterstützende Hilfestellung hier – zum Nutzen aller –, eine kleine Handreichung dort, durch die Ausstrahlung einer positiven Atmosphäre jemandes ‚Herz erreichen'. Wie einfach – wie schön – wie sinnvoll.

Wichtigkeit des herzlichen Miteinanders

Liebe Leserin, lieber Leser, das eine oder andere Aufgeführte kann zum Schmunzeln anregen, oder aber auch einen Schubs zum Nachdenken bewirken.

Wer gedanklich etwas tiefer in die beschriebene Materie eindringt, kann die Relevanz erkennen, wie wichtig das herzliche zwischenmenschliche Miteinander – sowohl aus persönlicher als auch aus beruflicher Sicht betrachtet – ist.

Mit relativ wenig Aufwand könnte es vielen Menschen gelingen, etwas mehr Herzlichkeit in den Alltag einzubringen.

Die eigene Stimmung wie auch die des Gegenübers würde etwas gehoben und eine wertschätzendere, angenehme Atmosphäre könnte erzeugt werden.

Es liegt an jedem selbst, in diese Richtung zu agieren.

So bleibt eine kleine Hoffnung, dass der oben befürchteten Verrohung der Sitten auf Dauer entgegengewirkt werden könnte.

Viel Kurzweil beim Lesen der folgenden Seiten

Horst Hanisch

Teil 1 – Herz als Symbol

Hinleitung zum Herz-Thema

Herz-Symbol und Gemeinsamkeit

„Das Herz gibt allem, was der Mensch sieht, hört und weiß, die Farbe."
Johann Heinrich Pestalozzi, schweiz. Pädagoge (1746 - 1827)

In der Antike

Es herrschte eine ungeheuerliche Hitze. Schweiß lief den intensiv und sorgfältig arbeitenden Priestern von der Stirn, sodass ihnen Gehilfen immer wieder das Gesicht abtupfen mussten.

Mit voller Konzentration und unbeirrt hatten sie den vor ihnen liegenden Körper behutsam geöffnet. Vorsichtig entnahmen sie dem Leichnam die inneren Organe, die Leber, den Magen, die Lunge und die Därme.

Diese wurden balsamiert und in sogenannte Kanopen gegeben, spezielle Gefäße für die entnommenen Organe.

Das präparierte Herz wurde in den Körper zurückgelegt.

Die alten Ägypter waren Meister darin, die Körper Verstorbener kunstvoll und sorgfältig einzubalsamieren, sodass sie nach über 2.000 Jahren noch erhalten sind.

Ihrer Meinung nach war das Herz Sitz der Vernunft, des Verstandes, des Willens und der Speicher aller gesammelten Erfahrungen, die das Leben gebracht hatte.

Der einbalsamierte Mensch sollte in eine andere Welt – möglichst unverletzt – übergehen können. So war die sorgfältige Arbeit ‚überlebenswichtig'.

Im Mittelalter

Viele Menschen waren im Mittelalter äußerst gläubig und folgten den Anweisungen der Kirche kritiklos. Von der Geburt bis zum Tod – und damit der Bestattung – war vieles eindeutig geregelt.

Manche Menschen in wichtiger Position konnten weitere Reisen unter unglaublichen Anstrengungen wahrnehmen. Es blieb nicht aus, dass eine hochgestellte Person in der Fremde starb.

Deshalb war im Mittelalter bis hin in die Neuzeit hin und wieder eine sogenannte Herzbestattung nötig. Verstarb eine hochrangige Person an einem fremden Ort, wurde lediglich das Herz an ihren Wohnort zurückgebracht.

Der Heimtransport des gesamten Leichnams war aufgrund der einsetzenden Verwesung in der Regel nicht möglich.

Am Wohnort wurde dann ausschließlich das Herz – stellvertretend als wichtigster Teil des Körpers – beigesetzt.

In der Heraldik (Wappenkunde) wurden vermehrt Herzen verwendet. Manchmal drei zusammengeordnete, was dann Dreipass genannt wird. Die Herzen hatten keine weitere Symbolkraft als ein schmückendes Element der Schönheit/Harmonie darzustellen.

In der Bibel und der Spiritualität

Die Bibel sieht das Herz als Sitz des Lebens und der Lebensenergie beziehungsweise der Lebenskraft.

Spirituell betrachtet gilt das Herz als wichtiger und gleichzeitig als zentraler Hauptort der Gefühle.

Als Gegenpart hierbei wird das Gehirn gesehen, das für den Verstand zuständig ist.

„Du sollst den Herrn, deinen Gott, lieben von ganzem Herzen."
Das verlangt die Bibel. Nicht ‚etwas' Herz, sondern das komplette, das ‚ganze' Herz soll für die Liebe zur Verfügung stehen.

So lässt sich der oben erwähnte tiefe religiöse Glaube nachvollziehen.

Viele Jahrhunderte lang durften Menschen – besonders aus höheren Gesellschaftsschichten – nicht ihrem Herzen folgend die geliebte Person heiraten. Vielmehr wurden die beiden aus Vernunftgründen zusammengeführt, um zu heiraten. Die versteckte/verhinderte Liebe blieb trotzdem – das Herz musste leiden.

In der neueren Neuzeit

In der sogenannten ‚neuesten Zeit' (ab 1789) mögen sich Einstellungen der Menschen geändert haben. Die Notwendigkeit der ‚Notdurft' blieb allerdings gleich.

Ältere Semester können sich bestimmt an die aus rohgezimmertem Holz hergestellten Plumpsklos erinnern.

Diese standen in mehreren Metern – und ‚geruchsbestimmendem' – Abstand zur Wohnung für die ‚menschlichen Bedürfnisse' zur Verfügung.

Um einen Kontrollblick nach innen (oder auch nach außen) zu ermöglichen, war in angemessener Höhe der vorn angebrachten Zugangstür ein Loch eingelassen.

Um eine gewisse angenehme Atmosphäre des tristen Orts zu erzielen, war die Aussparung oft in Herzform gestaltet.

In der aktuellen Zeit

Die jahrzehntelang verspotteten Tattoos wurden nur von bestimmten Gesellschaftsschichten auf die Haut gebracht. So zeigte der Seemann, der monatelang auf See verbrachte, seiner an Land zurückgelassenen Geliebten als Demonstration seiner Liebe das Herz.

Heutzutage ist das ehemalige Tabu der Tattoos gebrochen. Für viele ist das Tragen eines oder mehrerer Tattoos ‚in'. Natürlich dann auch in Herzform, um die Liebe zu einer Person dauerhaft auf der Haut zu tragen.

Eine ähnliche Vielfalt ist bei Piercings und Zahnschmuck zu sehen.

Wer über eine Kirmes, ein Volksfest oder gar übers Oktoberfest schlendert, trifft auf ein vielfältiges Angebot an Lebkuchenherzen. Von klein über groß bis riesengroß, zum Verschenken, zum Umhängen und zum Aufheben.

Die Herzen sind mit farbigem Zuckerguss mit mehr oder weniger originellen Sprüchen verziert, was dem Beschenkten einen fröhlichen Ausruf oder zumindest ein wohlwollendes Lächeln entlockt.

Meist wird das dauerhafte Kunstwerk mit einem dekorativen, welligen Zuckerrand verziert und damit verschönert.

Wer mag, kauft sich einen Luftballon in Herzform. Egal, ob er selbst behalten oder verschenkt wird, das Herz und damit die ausgedrückte Liebe ist weithin sichtbar. Am Valentinstag, 14. Februar, wird die Bevölkerung mit Liebes-Herzen überschüttet.

Das Herz als Begleiter im täglichen Leben

Für Tante Luise wird ein Stück Seife aus dem Urlaub mitgebracht. Natürlich in Herzform. Im vergangenen Jahr wurde sie mit einem Herz aus Olivenholz beglückt.

Sie bittet auf dem Sofa Platz zu nehmen, auf dem drei selbst hergestellte Kissen in Herzform drapiert sind.

Beim Besuch kredenzt Tante Luise selbstgebackene Kekse. Darunter sind herzförmige mit roter Zuckerglasur. Der frischgebraute Cappuccino ist mit einem Milchschaum-Herz dekoriert.

Um den Hals trägt sie eine Kette mit einem ansprechenden türkisfarbenen Anhänger – natürlich in Herzform.

Stolz zeigt sie eine Herz-Bratpfanne, mit der ein Spiegelei entsprechend in Form gebracht werden kann. Dazu gibt es dann ein Artischocken- oder Salatherz.

Dass Tante Luise eine ,verruchte' Sonnenbrille ihr eigen nennt, bei der beide Gläser aus farbigem Glas in Herzform bestehen, findet sie besonders lustig.

Naja, so ist die herzige Tante Luise. Eine Frau voller Herz.

Das Herz eroberte die Industrie, die Immobilienbranche und den Tourismus.

- „Mein Herz schlägt für Stahl." IdeenExpo 2017, Salzgitter
- „Renovierte 5-Zimmer-Altstadt-Wohnung im Herzen der Altstadt gelegen."
- „Weltstadt mit Herz." Stadtmarketing München, 1962 – 2005

Im digitalen Zeitalter

Heutzutage begegnen dem Nutzer Herzen an allen möglichen Stellen.

Das Herz ist aus der modernen Kommunikation kaum mehr wegzudenken.

Bei der Recherche zu diesem Thema ergab die Suche bei einer renommierten Suchmaschine Ende 2024 ein interessantes Ergebnis.

Die Suchanfrage ‚Herz' bot unglaubliche 497.000.000 Suchergebnisse. Der Begriff Gehirn (Hirn) brachte vergleichsweise ‚nur' 72.400.000 (15.500.000) Ergebnisse.

Das Angebot zum Herzen ist vielfältiger als die Vorschläge zur Vernunft.

Zu finden sind Herzen in der digitalen Kommunikation in vielen Farben, manche geteilt oder mit einem Pfeil durchbohrt, andere mit Geschenkband oder zusätzlichen Sternchen versehen.

Das Herz scheint auch im digitalen menschlichen Leben außerordentlich wichtig zu sein. Wichtiger als der Verstand, obwohl dieser für das emotionsfreie, rationale Denken zuständig ist.

Romantisch veranlagte Menschen sollten in den modernen sozialen Medien im Chatverlauf bei der Deutung von Herzen etwas Vorsicht walten lassen.

Verstärkt seit 2024/2025 kann nämlich beobachtet werden, dass dort sehr oft ein Herz gesendet wird, nicht aber in der Bedeutung von Liebe. Sondern – ganz banal eingesetzt –, für eine Zustimmung.

Beispielsweise für „ok", für „gute Information", für „ich habe verstanden", für „Beitrag war hilfreich" oder vergleichbare Meinungen.

Also aufpassen, einen als ‚super' bezeichneten Kommentar nicht fehlzuinterpretieren.

Handherz und Fingerherz

Bei den vielen Videoclips und auf den Fotos, die täglich verschickt werden, hat sich ein weiteres Herz-Symbol weltweit breitgemacht: das Hand-Herz.

Die Hände bilden jeweils ein Halbrund, wobei die nach unten zeigenden Daumen, in eine Spitze auslaufend, aneinanderliegen.

Die oben zusammengeführten Finger (speziell Zeige- und Mittelfinger) berühren einander an den Fingernägeln.

Der entstehende Hohlraum zwischen den beiden Enden lässt ein Herz erkennen, ein so bezeichnetes Handherz.

Dieses Handherz symbolisiert Zuneigung oder Liebe, Verbundenheit oder gar Unterstützung.

Es wird auch im Sinn verstanden von:

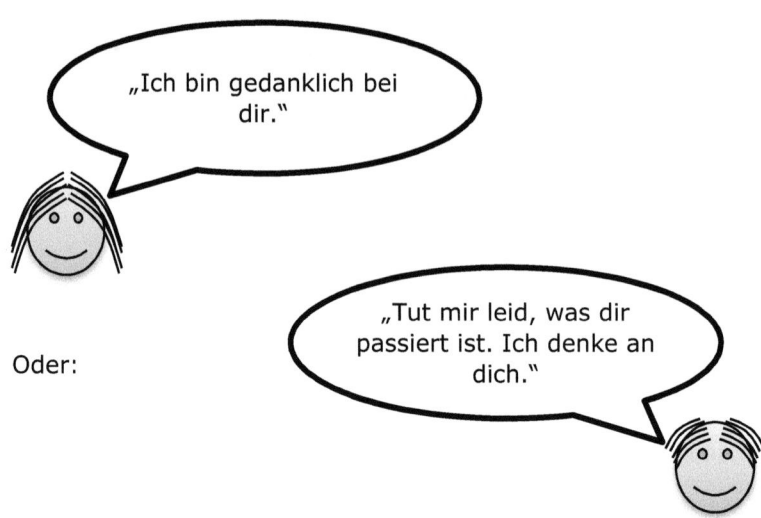

„Ich bin gedanklich bei dir."

Oder:

„Tut mir leid, was dir passiert ist. Ich denke an dich."

Das Handherz ist nicht mit dem Fingerherz zu verwechseln. Letzteres wird mit einer Hand gebildet. Angeblich stammt es aus Südkorea (ca. 1990), dort in der K-Pop-Szene (südkoreanische Pop-Szene).

Zeigefinger und Daumen überkreuzen sich. Sie bilden dann ein kleines Herz.

Der kleine Finger, der Ringfinger und der Mittelfinger werden gekrümmt.

Vom Efeu zum Herz

„Ein volles Herz kann nicht die Worte wägen."
Gotthold Ephraim Lessing, dt. Schriftsteller
(1729 - 1781)

Die ewige Liebe

Wird den Ergebnissen der Historiker gefolgt, stellt sich heraus, dass schon vor vielen Jahrhunderten in Darstellungen menschlicher oder göttlicher Figuren die Scham mit langlebigen Efeublättern verdeckt wurde.

Sehr gut ist das bei den Skulpturen des antiken Griechenlands und Italiens zu sehen.

Die verdeckenden Efeublätter standen für die ewige Liebe, da die Pflanze als sehr langlebig gilt.

Ab dem zwölften Jahrhundert sollen die Efeublätter teilweise in rötlicher oder roter Färbung dargestellt worden sein. Diese rote Farbe entwickelte sich daraufhin zur Symbolfarbe der Liebe.

Werden zwei Teile des Efeublattes entsprechend nebeneinandergelegt, ist mit etwas Fantasie eine Herzform zu erkennen.

Das heute verwendete Herz-Symbol taucht etwa ab dem dreizehnten Jahrhundert auf.

Das Spiel des Lebens

Bis zum fünfzehnten Jahrhundert waren die vier Farben bei den italienischen und spanischen Spielkarten (Tarock) Stab, Schwert, Münze und Kelch.

Diese verwandelten sich bei den französischen Spielkarten in Kreuz (auch Treff), Pik (auch Schaufel) Karo (auch Ecke) und Herz. Seitdem gehört das Herz zum Spielkartenset.

Tarock (mit ck) sind die Spielkarten. Tarot (mit einfachem k) werden beispielsweise als Wahrsagekarten eingesetzt.

Das Herzblatt

In den Kartenspielen ergeben sich Herzbube, Herzdame und Herzkönig. Will ein verliebter Mann seiner Partnerin – zum Beispiel Dritten gegenüber – ein Kompliment machen, bezeichnet er sie als seine Herzdame.

Er will nicht damit ausdrücken, dass sie ein Spielzeug in seinen Händen ist, sondern dass sie als wertvoller Trumpf in seinem Leben gesehen werden kann.

Umgekehrt wird der Herzbube in vielen Fällen dem Herzkönig vorgezogen, da ersterer dem Gefühl nach jünger (und hübscher) ist. Es ist augenscheinlich schmeichelhaft, sich mit der Jugend umgeben zu können.

Manche lassen die Zuordnung (Dame, Bube, König) außen vor und schwärmen – ohne geschlechtsbezeichnende Einschränkung – von ihrem bewunderten Herzblatt.

„Du bist mein Herzblatt."

Gut, solch ein Spielkarten-Blatt als ein Herzblatt bezeichnen zu können.

Das Herzsymbol steht für Kraft, Dynamik, Liebe sowie Wärme und bildet dadurch die Grundlage des Lebens.

Zwischen den Jahren 1987 – 2005 wurde im deutschen Fernsehen in 463 Folgen die Flirtshow namens Herzblatt ausgestrahlt. Der erste Moderator war der niederländische Showmaster Rudi Carrell (1934 – 2006, eigentlich Rudolf Wijbrand Kesselaar).

Drei Flirtpartner standen einem ‚Picker' gegenüber. Ohne sich sehen zu können, mussten sie aufgrund der verbalen Kommunikation ihre Wahl treffen.

Nach wie vor gibt es Flirt-/Datingshows unterschiedlicher Art, in denen Gewillte zueinanderfinden können/sollen.

Das treue Herz von Geburt bis zum Tod

Der Nachwuchs ist geboren. Die Eltern strahlen. Das Baby schreit. Alle scheinen zufrieden. Ein neues Leben beginnt. Noch ahnt das Neugeborene nicht, was auf es zukommt.

Die Eltern werden beglückwünscht mit Präsenten, farbigen Luftballons und Grußkarten. Selbstverständlich findet sich auf mancher Karte oder in manchem Präsent ein Herz, Symbol für das Leben, aber gleichzeitig auch für die Liebe zum neugeborenen Erdenbewohner.

Jahre später hängen am Maibaum bunte Schleifen und ein rotes Herz mit dem Namen des/der Angebeteten.

Zum Geburtstag ein Geschenk für die Freundin? Vielleicht eine kleine Kette mit einem goldenen Herzchen als Anhänger? Klar, als Symbol für die zaghafte Liebe.

Noah kniet sich vor seine Freundin Sophia. Die schaut zuerst verwundert, dann erwartungsvoll. Noahs Gesichtsfarbe wandelt sich in ein leichtes Rot. Umständlich ‚friemelt' er ein kleines Schächtelchen aus der Hosentasche.

Dann sucht er Blickkontakt zu seiner Freundin, strafft sich und fragt:

„Sophia, willst du meine Frau werden?"

Nun ist es an Sophia, rot zu werden. Ob sie den Hochzeitsantrag mit „Ja" beantwortet?

In dem kleinen Schmuckkästchen befindet sich ein Ring, in den ein rotes Rubinherz eingelassen ist. Der herzorientierte Liebesbeweis ist kaum zu toppen.

Das Brautpaar hat vor dem Standesamt und in der Kirche alle Formalitäten erfüllt. Beglückt tritt es aus dem Gebäude, wo alle seine Hochzeitsgäste warten.

Zwei der Gäste spannen ein Betttuch auf, das den Umriss eines Herzens zeigt.

Das Brautpaar erhält zwei Scheren. Es soll nun das mit Umrissen gekennzeichnete Herz ausschneiden. Anschließend sollen beide gemeinsam durch die entstandene Öffnung schreiten.

Sie zeigen durch diese Tradition, dass sie als Paar zusammen eine Lösung finden und gemeinsam einen ersten Schritt in die Zukunft wagen.

Die Zeit ist und vergeht gnadenlos

Oma ist gestorben. Die Trauernden sitzen vor dem aufgebahrten Sarg. Überwältigender Blumenschmuck zeigt die Zuneigung zur Verstorbenen. Die Mitte des Sargdeckels ziert ein großes Blumenherz aus roten Rosen.

Das Herz begleitet den Menschen – ein Leben lang. Von der Geburt bis ins Grab.

Liebe und Zweisamkeit

*„Gib mir ein Herz voller Zuversicht,
erfüllt mit Lieb und Ruhe, ein weises Herz,
das seine Pflicht erkenn und willig tue."*
**Christian Fürchtegott Gellert, dt. Erzähler
(1715 - 1769)**

Die Suche nach Zuneigung

Wohin auch immer geschaut wird, egal in welchen Bereich und an welchem Ort, wimmelt es geradezu von Herzen aller Größen, Farben und Ausgestaltungen.

Das erzwingt fast die Frage danach, weshalb es diese Masse an Herz-Symbolen überhaupt gibt.

Kann das Zufall sein, oder ist es vielleicht nur ein Trend? Ist es einfach so, weil es schön ist? Oder gibt es tiefergreifende Gründe? Wer weiß?

Ein liebevolles Zusammensein

Nun, eine Spekulation sei erlaubt.

Bekanntlich kann der Mensch nur vernünftig überleben, wenn er sich in menschlicher Gesellschaft befindet.

Trotz intensiver Arbeit des Herzens würde er höchstwahrscheinlich seinen ‚Verstand verlieren' oder sogar seinen Lebenswillen. Allein könnte nicht existieren.

In Gesellschaft kann er sich – anfangs mithilfe der Familie – ideal entwickeln. Er kann seine Neugierde/Wissbegierde befriedigen. Es ist ihm möglich, Grenzen des Machbaren auszuloten. Er lernt, sich den Bräuchen, Sitten und Regeln des sozialen Umfelds anzupassen und entsprechend zu verhalten.

Diese und andere Vorteile und Möglichkeiten ergeben sich durch das gesellschaftliche Zusammenspiel und den ständig stattfindenden Austausch.

Weiterhin ist dem Menschen von Natur aus vorgegeben, möglichst seine Gene weiterzugeben. Die nachfolgenden Generationen sollen die Menschheit weiterhin erhalten.

Da ihm diese vorbestimmte Aufgabe allein nicht gelingt, braucht er eine zweite Person, die mit ihm das Begehren der Natur erfüllen kann.

So ist er, ob ihm dieses vererbte Vorgehen bewusst ist oder nicht, daran interessiert, Kontakte zu knüpfen und aufzubauen, die zu einem idealen Partner oder zur Idealpartnerin führen.

Bei dieser Vorgehensweise hilft ihm seine Haltung, seine Herzlichkeit, seine Hilfsbereitschaft und so weiter.

Charmant, überzeugt und erfolgreich auftretende Typen genießen hier einen großen Vorteil.

Ständiges Profilieren

Durch dieses Vorgehen entsteht ein ständiges Wettrennen zwischen nicht zählbaren Mitbewerbern.

Nun heißt es: schneller, höher, weiter ... Und das (fast) 24 Stunden am Tag, sieben Tage die Woche.

Die Wirtschaft ist erfreut. Die Kleidungsindustrie profitiert davon, die Hersteller von Accessoires ebenso. Die Schmuckproduzenten, die Kosmetikartikel-Industrie und andere erzielen durch den Wunsch der Profilierung ungeahnte Umsätze.

Die Schönheitskultur steht dabei nicht hinten an. Aus- und Weiterbildung, Training und Coaching helfen, im Wettbewerb mithalten zu können.

Einsamkeit

Ende 2024 wird in den hiesigen Medien intensiv über Forschungs- und Umfrageergebnisse zum Thema ‚Einsamkeit' berichtet.

Erschreckenderweise zeigen hohe Prozentzahlen, dass sich überraschend viele Menschen jeglichen Geschlechts und Alters einsam fühlen.

Die Zahlen lassen besorgt aufhorchen. Wie ist das möglich? Gibt es doch heutzutage unzählige Varianten, virtuell oder real mit anderen Menschen in Kontakt zu treten.

Ja, das ist richtig. Das hilft aber trotzdem vielen Betroffenen nicht, der Einsamkeit zu entkommen.

Ruf nach Zweisamkeit

Die Suche nach Gleichgesinnten geht weiter. Und hier kommt das Herz (wieder) ins Spiel.

Das Herz, das Symbol der Zuneigung, der Liebe, des Wunsches danach, geliebt zu werden, tritt in Aktion.

Wie oben erwähnt, findet es sich an vielen Orten. Es übermittelt die Gedanken:

> ♥ „Hier ist jemand Nettes."

> ♥ „Hier schickt jemand liebevolle Grüße."

> ♥ „Hier wartet ein sympathischer Typ auf Kontakt."

Ist das Herz möglicherweise ein Zeichen der Sucht nach Liebe?

Um Missverständnissen vorzubeugen: Liebe in vielfältiger Form, nicht zwangsläufig (aber nicht ausgeschlossen) sexueller Art.

Die Liebe zwischen Mutter/Vater und Kind, die Liebe von Freunden untereinander, die Liebe zwischen Partnern und so weiter.

Auch die Wünsche nach Friedfertigkeit, Zuneigung, Wertschätzung und andere gehören ebenso in die Gruppe der erwähnten Sucht.

Die Suche nach einem liebevollen, angenehmen Umgang miteinander, nach einem respektvollen Behandeln, nach einem tolerierenden Verständnis Andersdenkender soll erfüllt werden.

Sollte die Theorie zutreffen, wird es nachvollziehbar, weshalb das Herz seit Jahrhunderten der Menschheit hilft, (einigermaßen) vernünftig und harmonisch miteinander umgehen zu können.

So gewinnt das Symbol Herz einen außerordentlich wichtigen Stellenwert im gesellschaftlichen Leben.

Das von einer anderen Person gesichtete Herz zaubert unter Umständen ein breites Lächeln ins Gesicht und/oder bereitet ein beruhigendes, wohliges Gefühl.

Es vermittelt Frieden und Gefahrlosigkeit. Es entspannt dadurch zahlreiche Gesprächs-Situationen.

Symbol gegen Hass und für Toleranz

Das Herz hat den Vorteil, als Symbol für viele Konstellationen dienen zu können. Ganz deutlich spielen dabei die Zuneigung und die Liebe eine sichtbare Rolle.

Wurde beispielsweise ein Passant Opfer eines Anschlags, bekunden viele Bürgerinnen und Bürger ihr Mitgefühl, ihr Gedenken und ihre Bestürzung.

Sie legen am Ort des Anschlags Blumen aus, sowie Karten, Bilder, Kerzen, Plüschtiere und – Herzen.

Das Herz soll die Zuneigung und/oder die mentale Verbundenheit zum Getöteten zeigen.

Das Herz steht für das Gute. Es steht als Gutes gegen das immer wieder aktiv werdende Böse.

Das Herz leistet viel. So bleibt auszurufen:

„Lang soll das Herz Gutes unterstützen!"

„Drum prüfe, wer sich ewig bindet, ob sich das Herz zum Herzen findet. Der Wahn ist kurz, die Reu ist lang."

Johann Christoph Friedrich von Schiller, dt. Dichter

(1759 – 1805)

Teil 2 – Haltung

Habitus

Haltung bewahren

„Während man dem Geist immer mehr Nahrung gibt
und die Köpfe erhellt,
lässt man nicht selten das Herz erkalten."
Gottfried Keller, schweiz. Dichter (1819 - 1890)

Gesinnung – Willenshabitus

Der oben zitierte Gottfried Keller behauptet, die rational arbeitende Vernunft würde gehegt und gepflegt. Das emotional arbeitende Herz hingegen würde vernachlässigt.

Ja, tatsächlich erweckt es den Eindruck in hiesiger Gesellschaft, dass das Logische bevorzugt wird. Was immer geschieht, wird bewertet, werden Vor- und Nachteile gegenübergestellt.

Was wird als vorteilhaft angesehen, wo lassen sich Erfolge erzielen, was gilt als Zeitverschwendung?

Überlegt Vorgehende verfolgen eine Strategie, in kürzester Zeit ein Ziel zu erreichen. Es muss effektiv vorgegangen werden. Der eigene Wille soll geschehen.

Die Art des Denkens

Gesinnung ist ein selten benutztes Wort. Darin verbirgt sich Wort ‚Sinn'. Welches Verhalten ist im Leben sinnvoll?

Gesinnung zeigt die Art des Denkens, um den vom Verstand ermittelten Sinn nach dem Verhalten im Leben einzunehmen und einzuhalten.

Sie drückt demnach die Haltung der Person aus.

Damit dem eigenen Ziel, dem eigenen Willen, gefolgt werden kann, ergibt sich eine Art der Willensrichtung.

Die Richtung zeigt den Weg – die Strategie –, der gegangen werden muss, um den festgelegten Willen zu erzielen.

Der beschriebene Weg dorthin erfordert eine (Willens-)Haltung. In diesem Zusammenhang wird von Willenshabitus gesprochen.

Frau Schulte ist überrascht, vielleicht sogar leicht geschockt, wie sich ihr Kollege gerade über eine der Minderheiten angehörigen Gruppe äußerte.

Die Frage stellt sie – mehr oder weniger als rhetorische Frage – in den Raum. Die erkannte Geisteshaltung zeigt bereits, welche Gesinnung der Kollege hat. Sie offenbart, wie er zu der erwähnten Minderheit eingestellt ist.

Die von Frau Schulte gestellte Frage drückt eine gewisse abwertende Meinung aus.

Der Spruch stammt aus der Bibel, Lukas 9,55:

- „Wisst ihr nicht, welches (wes) Geistes Kinder ihr seid?"

Frau Schultes Frage gibt dem Kollegen den Hinweis, dass sie mit seiner Einstellung nicht einverstanden ist. Und, dass sie seine Einstellung kritisch bewertet.

Geisteshaltung

Die Geisteshaltung ergibt sich durch die Gesinnung. Die Bedeutung der beiden Wörter ist ähnlich.

Nun kommt weniger das zukünftige Ziel als die gegenwärtige Einstellung in den Fokus. Wie zeige und ‚gebe ich mich' anderen gegenüber? Wie denke ich über andere?

Die Lebenseinstellung, geprägt durch Erziehung und Erfahrung, wird sukzessive geformt und nach und nach – im Lauf der Jahre – gefestigt.

Aus der Gesinnung und der Geisteshaltung ergibt sich die Haltung des Menschen – oder altmodischer ausgedrückt –, das Gehaben.

Gebaren – Gehaben

Das Gehabe ist die Art, wie sich eine Person benimmt. Tritt jemand übertrieben arrogant auf, wird unter Umständen von einem hochnäsigen Gehabe gesprochen.

Geisteshaltung – Gehaben

Gehaben oder Gebaren ist also die Art, wie sich jemand benimmt. Der Begriff ‚Habitus' (lat. ‚habere' für ‚haben', ‚Gehaben') ist auch ein selten gebrauchter, doch wichtiger Begriff.

Obwohl er aus dem sprachlichen Gedächtnis vieler verblasst oder verschwindet, drückt er doch einen nicht zu unterschätzenden Einfluss auf das zwischenmenschliche Miteinander aus.

Frei übersetzt bedeutet Habitus das Gebaren, die Haltung, das Erscheinungsbild eines Menschen. Habitus demonstriert die Art, wie der Mensch denkt, wie er sein Leben führt, seine Ziele verfolgt, wie er auftritt, sein Erscheinungsbild und natürlich auch, wie er mit anderen umgeht.

Ein komplexer Bereich demnach, der Gesinnung, Geisteshaltung und Gehaben vereint.

Das Innere drängt nach Außen

Daher ist der Begriff auch schwierig zu greifen und zu definieren. Zum Beispiel so: Ein Mensch besitzt eine innere Einstellung zu allem Möglichen. Diese Einstellung tritt nach außen durch seine Erscheinung auf.

Begegnet eine Person einem fremden Menschen, fällt beispielsweise die Kleidung auf. Ist diese gepflegt, lässig, konservativ, farbenfroh, modern, trendig, polarisierend, auffallend, provozierend und so weiter?

Im nächsten Schritt: Passt das Outfit zum Anlass, zur Jahreszeit und vor allem zur Person selbst? Falls ja, dann ist sie stimmig.

Die Kleidung sagt bekanntlich viel über ihren Träger aus. Rückschlüsse auf die Persönlichkeit werden automatisch gezogen.

Gegebenenfalls geht es sogar so weit, dass Vermutungen auf Vorlieben und Stärken gezogen werden. Bisher gesammelte ‚Vorurteile' stecken den Betrachteten in eine bestimmte Charakterschublade.

Nicht nur die Kleidung passt zur Person, sondern auch Schmuck, Accessoires, Frisur, Make-up und so weiter. Dinge, die die Person an oder mit sich trägt.

Ausstrahlung

Im nächsten Schritt mag die Bewegung des Fremden auffallen. Seine Körpersprache, die Körperhaltung, seine Körpersignale geben bewusst und unbewusst Hinweise auf den emotionalen Zustand eines Menschen.

Wirkt die Person entspannt, gestresst? Geht sie flott oder bummelt sie nur?

Eine Königin würde nicht zu einem Termin rennen, sollte sie sich verspätet haben. Sie wird ‚würdigen' Schritts zum vereinbarten Ort schreiten – eben ihrer Rolle, ihrer Stellung entsprechend. Sie bewegt sich passend zu ihrem Habitus – würdevoll.

Die französische Königin Marie-Antoinette von Österreich-Lothringen (1755 – 1793), verheiratet mit Ludwig XVI. (1754 – 1793) schritt am 16. Oktober 1793 erhobenen Hauptes aufs Schafott auf dem ‚Place de la Révolution'.

Sie wusste, dass sie nicht mehr lange zu leben hatte. Trotzdem hielt sie ihre würdevolle Haltung bei.

Das Volk meinte:

„Sie sieht aus wie eine …"

… hoffentlich in diesem Fall …

„… wie eine Königin."

Früher zeigten Adelige eine andere Haltung als die körperlich arbeitende Bevölkerung.

Der körperlich hart schuftende Arbeiter wird höchstwahrscheinlich eine andere Körper- und Kopfhaltung einnehmen, begibt er sich nach geleisteter Arbeit erschöpft nach Hause.

Aura

Im Lateinischen steht das Wort ‚aura‘ für ‚Lufthauch‘ oder für ‚Lichtglanz‘.

‚Schwebt‘ eine Person an einer anderen vorbei, ist ein Lufthauch zu spüren. Die vorbeigehende Person hat eine ‚matte‘, kaum wahrnehmbare, oder eine ‚glänzende‘ Ausstrahlung.

Demnach verbreitet eine Person eine nicht greifbare – aber trotzdem wahrnehmbare – Aura um sich, wohlgemerkt allein durch ihr Auftreten inklusive der Körperhaltung, der Kleidung, der Mimik und Ähnlichem.

Sie dominiert mit ihrer Erscheinung sofort die Situation.

Andere verhalten sich dann schon fast ehrfürchtig, fast ein wenig unterwürfig.

Auftreten, Erscheinungsbild und Outfit stimmen.

Es ist erkennbar, dass die gewählten Stoffe im Outfit zur edleren Kategorie gehören. Material und Farbe sind unaufdringlich aufeinander abgestimmt.

„Da passt alles."

Die Person bewegt sich selbstbewusst, unbeeindruckt von anderen, und scheint keine Scheu zu haben, sich durch die Menge der Anwesenden zu bewegen. Manch einer wird deshalb neidisch. Er möchte gerne auch solch ein beeindruckendes Erscheinungsbild sein Eigen nennen.

Wie ist das zu erreichen?

Einfach andere Kleidung kaufen, einen anderen Stil wählen? Sofern es die finanzielle Situation zulässt, ist die Outfit-Verwandlung machbar. Nicht umsonst meint der Volksmund:

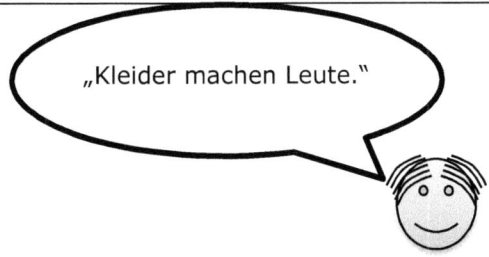

„Kleider machen Leute."

Sicher, da ist ein Körnchen oder vielleicht sind auch zwei Körnchen Wahrheit ‚dran'. Wie vorher erwähnt, muss das Outfit zur Person passen.

Es ist allerdings ein langer Weg, das zu erreichen, was die eigene Kleidung ausdrücken soll.

Natürlich verwandelt das gewählte Outfit nicht den Charakter einer Person, wohl aber die Ausstrahlung. Damit wird beim Gegenüber ein Verhalten ausgelöst.

Je nachdem, wie die Person auf Dauer gesehen behandelt wird, kann das Auftreten durch die beeinflusste innere Haltung nach außen verändert wirken.

Der Blender

Manch Gauner nutzt die Überlegung ‚Kleider machen Leute' ungeniert. Er macht die Kleidung zur Verkleidung, um andere zu täuschen.

Als Beispiel soll hier der charmante, gutherzig auftretende Heiratsschwindler stehen, eine fürsorglich wirkende höfliche Krankenschwester, die schwerst Erkrankte tötet (ihrer Meinung nach, diesen Menschen einen Gefallen zu tun), der politische ‚Strahlemann', der gleichzeitig einen Bürgerkrieg anzettelt und Tausende in den Tod schickt.

Nicht umsonst behauptet der Volksmund:

„Es lässt sich nicht hinter
die Stirn des Menschen
schauen."

Ja, so ist es. Das bedeutet, dass durch das Auftreten ein bestimmtes – positives – Bild vermittelt wird, aber gleichzeitig ein ‚Blender' am Werk ist.

Der Blender blendet sein Gegenüber. Dieser kneift die Augen zu und kann das Vorgehen und Verhalten des Blendenden nicht mehr genau verfolgen.

Umso wichtiger ist es, den Blender schnellstmöglich zu entlarven. Trotz eines perfekt eingespielten Auftretens können Kleinigkeiten in der verbalen und in der nonverbalen Kommunikation verräterische Signale senden.

Manchmal ist dann zu erkennen, welche Geisteshaltung die Person hat.

So heißt es aufzupassen, ob bei allem Wohlwollen einem anderen gegenüber ein wahres Verhalten zu finden ist.

Am besten nicht nur das Herz sprechen lassen, sondern auch den Verstand zu Wort kommen lassen. Hier ist die Arbeit des Verstandes wichtig. Jetzt muss er (vorübergehend) das Herz überwachen, sein ‚Herr' sein.

Beherrschtheit drückt aus, dass der Verstand und damit die Person über sich ‚herrscht'. Sie hat sich sozusagen im Griff beziehungsweise unter Kontrolle.

Die manipulierende Maske und die schützende Umhüllung

Bekanntlich zeigen die meisten Menschen nicht (sofort) ihre ‚echten' Gefühle, schon gar nicht einer unbekannten Person. Um nicht wie ein ‚offen liegendes Buch' alle Gedanken zu offenbaren, verstecken sich die Menschen gerne hinter einer Maske.

Die Maske verbirgt nicht nur die echte Persönlichkeit – sie vermittelt auch ein Bild eines anderen ‚Egos'.

Die Maske verhüllt in der Regel (nur) das Gesicht. Deshalb wird gegebenenfalls noch ein schützender Umhang um den Körper gehängt.

Die nun komplette Umhüllung lässt die Person nach außen idealerweise so erscheinen, wie es die betreffende Person gerne hat. Sie will möglichst in positivem Licht erscheinen und als ehrlicher, ehrbarer Mensch eingeschätzt werden.

Lässt die Person ihre ‚Maske fallen', ist ‚das wahre Gesicht' erkennbar.

Manchmal passiert das der Person, wenn sie emotional sehr stark reagiert. Oder, wenn sie sich einer Person gegenüber sehr vertrauensvoll austauscht oder mit ihr zusammenlebt.

Die Maske/Umhüllung schützt die Person vor gefürchteten Angriffen. Sie wiegt die maskierte Person in vermeintlicher Sicherheit. Es muss aber klar sein, dass sie nach außen hin anders wirkt, als sie in Wirklichkeit tatsächlich ist.

Fassung – Beherrschtheit

Neben der Geisteshaltung und der Körperhaltung ist noch die sogenannte ‚Fassung' zu beleuchten. Das Wort steht für Standhaftigkeit und/oder Beherrschtheit.

Die Familie sitzt mit eingeladener Verwandtschaft gemütlich bei Kaffee und selbstgebackenem Kuchen zusammen. Natürlich wird auch ein Schnäpschen gereicht.

Diese Chance nutzt die eine oder der andere gnadenlos aus. Aus einem Gläschen werden zwei, drei oder noch mehr.

Folge: Die Zunge wird lockerer, die Stimme unverständlicher, der Ton rauer. Schon ergibt sich eine hitzige Diskussion. Die Stimmung droht zu kippen.

Contenance

Tante Elisabeth schaltet sich schließlich mit mahnend erhobenem Zeigefinger ein. Mit deutlichen Worten sucht sie Vernunft in die Situation zu bringen, indem sie einwirft:

„Contenance, meine Lieben."

Sie empfiehlt durch diesen Einwurf ‚Haltung zu wahren', auch wenn die Chance klein ist. Nicht etwa ausfallend, angreifend oder gar übergriffig zu werden ist gemeint.

Das Wort Contenance stammt aus der französischen Sprache, geht auf das lateinische ‚continentia' zurück, was für ‚das Ansichhalten' oder ‚Mäßigung' steht.

Sollte Tante Elisabeth Erfolg haben, wird es wieder etwas ruhiger in der Gesellschaft.

Um die Fassung ringen

In einer anderen Situation berichtet jemand:

„Ich musste um meine Fassung ringen."

Offensichtlich war etwas geschehen, was der Person ‚die Sprache verschlug'.

Es ist ihr wohl gelungen, die Haltung zu bewahren und wieder etwas ruhiger zu werden. Sie blieb beherrscht in ihrem Auftreten und der Ausstrahlung ihrer Persönlichkeit.

Die Person verlor ihre Beherrschung nicht, egal wie emotional berührt sie war.

Nicht umsonst wird das Verb ‚ringen' verwendet („Um die Fassung ringen."). Offensichtlich kämpft die Person mit den eigenen Gefühlen. Möglicherweise pocht das Herz heftig. Deshalb muss sie sich in Griff bekommen.

Es kann eine Art innerer Kampf entstehen. Gewinnt die Beherrschtheit oder die Unbeherrschtheit?

Falls die Person beim inneren Kampf unterliegt, verliert sie die Fassung. Ihr Verhalten sprengt die schützende Umhüllung der Persönlichkeit.

„Sie rastet aus."

Gemütsverfassung

Statt Fassung kann auch Gemütsverfassung verwendet werden, was noch deutlicher auf die emotionale Haltung des Gemüts hinweist.

Gemüt ist die Summe aller Sinnesregungen der geistigen und seelischen Kräfte eines Menschen. Allerdings braucht es auch Mut (Ge-mut), Angst zu überwinden oder sich als Gegenpol des Verstands zu behaupten.

Eine schlechte Nachricht schlägt auf das Gemüt. Manchmal ist etwas gemütsbewegend. Ist eine Person ‚gemütsam', ist sie nicht schnell aus der Ruhe zu bringen.

In ‚gemütlich' und ‚Gemütlichkeit' dringt das Gemüt ebenso durch. Ursprünglich bedeutete ‚Gemütlichkeit' (eine Atmosphäre, in der sich der Mensch wohlfühlt) etwa ‚voller Gemüt' – was so viel wie Herzlichkeit meinte.

Unterhaltung

Tante Elisabeth und Onkel Olaf unterhalten sich prächtig. Sie verstehen sich ausgezeichnet und haben genügend Gesprächsthemen, inklusive aller aktuellen Gerüchte.

Im Wort Unterhaltung steckt der Begriff Haltung. Er stammt ab von ,halten'. Im Althochdeutschen ,haltam', im Mittelhochdeutschen ,halten' oder ,halden'.

Die Bedeutung des Begriffs liegt bei ,(be-)halten', ,bewahren', ,meinen', ,verehren' und ,sich benehmen'.

Die ersten beiden Bedeutungen lassen gut erkennen, dass ein Zustand, ein Gedanke oder etwas Abgesprochenes nicht verlorengehen soll. Es soll bewahrt werden.

Zum Beispiel soll ein guter Austausch (eine Unterhaltung) stabil bleiben und die Zuwendung zueinander zeigen.

Elisabeth und Olaf sollen demnach einander zuhören und nicht nur darauf aus sein, ihre eigenen Eindrücke zu schildern. Nicht so einfach für die beiden.

Verehren

Die Bedeutung ,verehren' – auf die Unterhaltung bezogen – erscheint heutzutage etwas übertrieben. Zumindest sollte das Gegenüber, mit dem sich unterhalten wird, in seiner Meinung akzeptiert/toleriert werden.

Sobald Elisabeth und Olaf einander ausreden lassen, sich also nicht ins Wort fallen, interessiert zurückfragen und das Gespräch einem unsichtbaren roten Faden folgen lassen, liegt eine gewisse Ehre (Wertschätzung des anderen) vor. Im übertriebenen Sinn ließe sich ,verehren' sagen.

Am interessantesten hört sich ‚sich benehmen‘ an. Geht es in einem zivilisierten Gespräch doch auch um gegenseitigen Respekt, bei dem kommunikative Umgangsformen einzuhalten sind. Ausreden lassen, nicht unterbrechen, deutlich sprechen, Sätze klar formulieren, wenig Fremdwörter benutzen und so weiter.

Also: Wer sich unterhält soll seine ‚guten‘ Umgangsformen nicht vergessen.

Eine vernünftige Unterhaltung erwartet demnach eine saubere, höfliche Kultur der Kommunikation.

Weiterhin signalisiert sie den Wunsch nach Dauerhaftigkeit. Das zeigt sich auch beim Wort Er-Haltung.

Auf ein Gespräch bezogen heißt es, dass ein Gedanke festgehalten wird. Es wird nicht zwischen Themen wahllos hin- und hergesprungen.

Eine Fest-Haltung wirkt hingegen zu ‚bindend‘. Hält jemand unbeeindruckt und starr an der eigenen Meinung fest, blockiert das die vernünftige Weiterführung des Gesprächs.

Wer hingegen Ent-Haltung zeigt, will offensichtlich an der Unterhaltung nicht teilnehmen, oder er will sich sogar von der Unterhaltung entfernen. In diesem Fall säßen Elisabeth und Olaf schweigend nebeneinander.

Materielle Zuwendung

Bei den dargestellten Überlegungen steht Unterhaltung nicht unbedingt für den Begriff der finanziellen Stütze, der Alimente oder der materiellen Zuwendung.

Obwohl bei diesem Vorgang auch eine Interaktion erfolgt: Einer hilft dem anderen.

Tatsächlich muss eine Person für die Unterhaltung des Haushalts sorgen – also die materiellen Möglichkeiten aufbringen wie Miete, Strom, Wasser und so weiter zu bezahlen.

Manch einer ist verurteilt, Unterhalt zu leisten, was monatlich auch ein Loch im eigenen Geldbeutel zurücklassen kann.

Jemanden unterhalten

Als letzter Bereich kann noch ‚jemanden unterhalten' erwähnt werden. Eine Künstlerin auf der Bühne, ein Kabarettist, ein Orchester kann den Zuschauenden unterhalten.

Dieser wird sozusagen ‚bespielt'.

Bei genauer Überlegung zeigt es sich doch als interessant, dass sich die Haltung in so vielfältiger Weise darstellt.

Nicht umsonst scheint Tante Elisabeth darauf hingewiesen zu haben, die Haltung zu bewahren, scheint sie doch deutlich das zwischenmenschliche Zusammenleben zu beeinflussen.

Die schützende Umhüllung sichert das angepasste Verhalten des Gemüts. So ist ein geordnetes Miteinander in der Gesellschaft gewährleistet.

Grundhaltung

Neben aller Erhaltung und Unterhaltung im Leben, wird der Mensch durch seine Grundhaltung geformt und gleichzeitig wird seine Individualität bestimmt.

Bedürfnisse

Zur Grundhaltung zählen die menschlichen Bedürfnisse. Zum Beispiel die Bedürfnisse schlafen, essen und trinken zu wollen/zu müssen.

Verspürt der Mensch kein Bedürfnis nach Essen und Trinken (mehr), schiebt sich das Bedürfnis nach Sicherheit in den Vordergrund.

Der US-amerikanische Psychologe Abraham Harold Maslow (1908 – 1970) vergleicht seine Idee mit der einer Bedürfnis-Pyramide.

Nach Maslow lassen sich alle menschlichen Bedürfnisse auf fünf Ebenen dieser Pyramide einstufen. Die Stufen werden von unten nach oben durchlaufen.

In der mittleren Stufe zeigt sich unter anderem das Bedürfnis nach sozialer Zusammengehörigkeit.

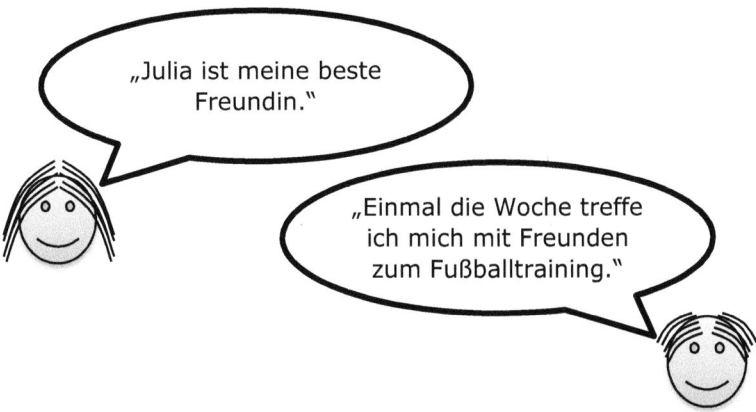

Laut Maslow lässt sich nach der Befriedigung der Bedürfnisse der dritten Stufe die sich anschließende vierte Stufe seiner Pyramide erkennen, die nach Status und Macht strebt.

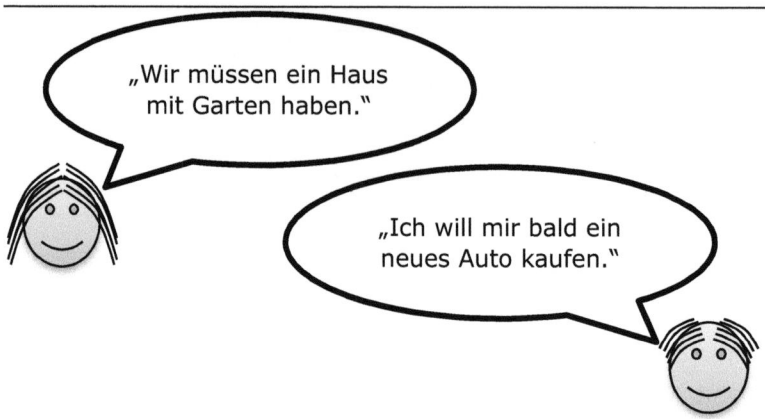

Den krönenden Abschluss in Maslows Bedürfnispyramide bildet die Spitze, die fünfte Etage.

Die höchstplatzierten Bedürfnisse wie den Bedürfnissen nach dem inneren Ich, volle Entfaltung, volle Selbstverwirklichung, Zurückgezogenheit, volle Verwirklichung der eigenen Möglichkeiten und andere finden sich in der Spitze der Pyramide.

Angeblich erreichen nur wenige Menschen diese fünfte Stufe. Nicht dauerhaft, sondern bestenfalls für einen Augenblick. Anzustreben ist sie trotzdem.

Stufe für Stufe – Schritt für Schritt

Nach Maslow hat die Befriedigung der Bedürfnisse aufschiebenden Charakter. Gemeint ist damit, dass zuerst fundamentale Bedürfnisse befriedigt werden müssen (erst Grundbedürfnisse wie Essen/Trinken, sodann Bedürfnisse nach Sicherheit und so fort), damit das nächsthöhere Bedürfnis ins Blickfeld gerät.

Erst dann, wenn eine Stufe befriedigt ist, strebt der Mensch nach der nächsthöheren Stufe.

Die erste Aussage weist auf die erste Stufe der Pyramide hin. Die zweite auf die vierte Stufe. Das Essen erscheint viel wichtiger als die Überlegung zur Ausbildung des Nachwuchses.

Das zeigt bereits die Wortwahl: „Ich sterbe gleich ...". Werden beide Aussagen nebeneinandergestellt, zeigt sich die Priorität der Bedürfnisse.

Motive

Ein Motiv ist ein Beweggrund etwas zu tun. Verspürt eine Person Hunger (Motiv), dann will sie etwas essen (Bedürfnis).

In Kriminalfilmen sucht der Kommissar üblicherweise nach einem Motiv, um die erfolgte Tat (besser) nachvollziehen zu können.

Motive entstehen zum Beispiel durch Erwartungshaltungen, Zielsetzungen oder biologische Prozesse im Körper.

Wird ein Bedürfnis erkannt, lässt sich ein Motiv finden, um den Grund für eben dieses Bedürfnis zu offenbaren.

Offenheit

Eins der wichtigsten Verhaltensmuster im Rahmen des herzlichen menschlichen Miteinanders stellt die Offenheit dar. Dazu gehört die Bereitschaft, die Meinung anderer unvoreingenommen anzuhören und zu akzeptieren.

Eine offene Haltung ermöglicht die geistige und die körperliche Flexibilität. Sie erhöht die Lernfähigkeit.

Die im Laufe des Lebens gesammelten Erfahrungen lehren den Menschen ständig, was ihm guttut oder was ihm schadet. Ersteres wird bevorzugt.

Verhalten, die zur zweiten Konsequenz führen, werden vermieden. Gutes wird verstärkt und ausgebaut.

Der einengende Denkrahmen

Durch das Erfahren und Sammeln vielfältiger Eindrücke entsteht eine Art Denkrahmen, der den Menschen in seinem Verhalten bestärkt und ihn gleichzeitig nach außen hin abgrenzt und einschränkt. In diesem Denkrahmen sind seine Erfahrungswerte, Verhaltensmuster und so weiter aufgehoben.

Der Mensch kann sich in seinem Denkrahmen relativ sicher und angstfrei bewegen. Er weiß, was er tun darf und wobei er sich ‚die Finger verbrennen' würde.

Was sich außerhalb des Denkrahmens befindet, ist ihm unbekannt. Er muss es auch nicht unbedingt wissen, könnte doch dort Schadhaftes, Störendes, Unruhe Stiftendes auf ihn warten.

In seinen Denkrahmen hat sich der Mensch gut eingerichtet. Weshalb auch das Risiko einer möglichen Gefahr eingehen, sollte der sichere Bereich verlassen werden?

Der Betreffende mag mit seinem Leben glücklich werden. Eine größere Weiterentwicklung ist allerdings nicht zu erwarten.

Je länger der Rahmen unverändert bleibt, desto leichter bauen sich – im Hintergrund – Scheuklappen auf. Das, was sich abseits der geschützten Wege befindet, wird nicht gesehen. Es wird entweder ignoriert oder als ‚falsch' betrachtet.

Der Neugierige

Ganz anders sieht es der Neugierige beziehungsweise der Wissbegierige. Er will wissen, was sich jenseits des Rahmens befindet. Seine Wissbegierde drängt ihn unaufhaltsam dazu, über den Rahmen zu schauen.

Sollte ihm die Möglichkeit hierzu genommen werden, wird er ungeduldig, zappelig und wirkt auf andere nervig.

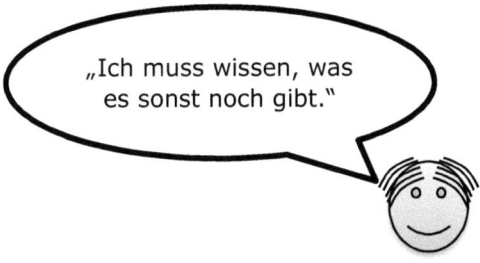

Entdecker, Erfinder, Visionäre gehören zu der Kategorie der Menschen, die ihren Denkrahmen förmlich sprengen wollen. Sie wollen – notfalls auch gegen den Widerstand anderer – die gedanklichen Grenzen überspringen oder öffnen.

Gelingt ihnen das, kommen sie zu gänzlich neuem Wissen, zu fantastischen Erkenntnissen und sammeln ungeahnte Erfahrungen.

Sie fühlen sich frei in ihrem Denken und Handeln. Ihr Herz springt vor Freude wegen der vielen Optionen.

Die Neugierde zur Offenheit

Die Neugierde zur Offenheit soll in der Regel ohne Gewalt umgesetzt werden (auch wenn es aus der Vergangenheit bedauernswerterweise negative Beispiele gibt).

Denn dort (außerhalb des Denkrahmens) finden sich Gedanken, Bräuche, Umgangsformen anderer Menschen. Diese Verhaltensmuster müssen erwartungsgemäß nicht mit den eigenen übereinstimmten.

Sie zeigen fremdartige, unbekannte, ungewöhnliche Gewohnheit. Gleichartigkeit ist eher selten.

Beim Aufeinandertreffen der Unterschiedlichkeiten verschiedener Kulturen zeigt sich die hier beschriebene Offenheit.

Wie: Dem anderen zuhören, seine Meinungen und Einstellungen anerkennen. Ihn als Menschen wertschätzen, Verhaltensmuster tolerieren und akzeptieren. Sich auch dem anderen gegenüber ansprechend verhalten.

Erkennung und Anerkennung

Durch das Erkennen und Anerkennen anderer Verhaltensmuster vergrößert sich der eigene Denkrahmen merkbar.

Die Bereitschaft zur Flexibilität – in Form der Anerkennung des Anderen – erleichtert eigene Denkblockaden zu umgehen, oder diese vielleicht sogar einzureißen.

Die neuen Erkenntnisse, kombiniert mit eigenen Erfahrungswerten bringen viel Neues, Andersartiges und Erlebenswertes ins Leben.

Das erweitert die eigenen Lernmöglichkeiten und bringt neuartige Überlegungen und Ideen. Die Neuigkeiten vergrößern den Wissensschatz und das abwechslungsreiche Leben.

Offenheit im Austausch

Diese Offenheit lässt sich problemlos auf das Miteinander zweier Personen übertragen.

Wie wäre es, das Gegenüber (den bisher Fremden) unkritisch anzunehmen? Ihn erst einmal mit seinen Eigenarten so zu nehmen, wie er ist.

Anschließend bleibt immer noch Zeit genug, Wertungen vorzunehmen. Wer will, kann ihn dann in eine Vorurteils-Schublade stecken.

Natürlich heißt das nicht, immer ein ‚blauäugiges‘, ‚blindes‘ Vertrauen einzugehen. Etwas Wachsamkeit ist nötig. Allerdings soll die Einstellung anderen gegenüber offen sein.

Die Devise lautet: Von Fremden lernen. Fremdes offen wahrnehmen. Das Herz Unbekanntem öffnen. Schauen, wie sich das Fremde mit dem Bekannten optimal kombinieren lässt.

Das ungewohnte Fremde wertschätzen.

Höflichkeit

> *„Dass unser Herz lebe, wirke, bleibe,*
> *daran liegt alles, nicht dass es glänze."*
> **Johann Heinrich Pestalozzi, schweiz. Pädagoge**
> *(1746 – 1827)*

Umgang wie bei Hofe

Freundlich kann mehr oder weniger jeder sein, der freundlich sein will. Aber höflich?

Selbst der verunstaltete Glöckner Quasimodo schaffte es durch Freundlichkeit, Esmeraldas *Herz zu erweichen*. Nachzulesen in ‚Der Glöckner von Notre-Dame', (1831), vom französischen Schriftsteller Victor-Marie Vicomte Hugo (1802 – 1885).

Am spanischen Hof saßen die vornehmen Hofdamen zusammen und gingen mit Hingabe ihrer Beschäftigung der Kunst der Stickerei nach.

Hofdamen waren gebildete Frauen aus dem Adelsgeschlecht, die ihrer Herzogin (duquesa) oder Prinzessin (princesa) am Hofe jederzeit zu Diensten standen. Sie sprachen Fremdsprachen, spielten Musikinstrumente, kannten sich in Kunst aus und konnten gefällig kommunizieren.

Sie – wie der komplette Hofstaat – wollten sich durch ihre Umgangsformen ‚vom gemeinen Volk' absetzen. Schließlich waren sie etwas Besonderes.

So entstanden viele Regeln und streng zu befolgende Verhaltensmuster, wie sich bei Hofe zu verhalten war. Vor allem waren solche Regeln wichtig, die das ‚gemeine' Volk nicht beherrschte. Der Hofstaat wollte sich ja ‚abheben'.

Der Hofstaat verhielt sich ‚höfisch'.

Der genau vorgeschriebene Umgang war ‚hovelich' gleich ‚dem Hofe entsprechen'. Mittelhochdeutsch steht ‚hovelecheit' für ‚Höflichkeit' höfisch, höflich.

Bei Hofe, beispielsweise in Spanien, in Frankreich, in Österreich entwickelten sich die Regeln des Miteinanders. Heiratete ein Mitglied eines Hofes an einen anderen Hof, musste es die dortigen Regeln erlernen. Es wollte/musste schließlich den erwarteten höflichen Umgang pflegen können.

Üblicherweise wechselte die heiratswillige Frau an den fremden Hof.

Diplomatisches Protokoll

Damit bei gegenseitigen Besuchen von Delegationen niemand in peinliche Fettnäpfchen treten musste und muss, schrieb und schreibt auch heute noch das dafür zuständige diplomatische Protokoll das Miteinander genauestens vor.

Wer ist ranghöher? Wer geht an welcher Seite des Gastgebers? Wie ist die Sitzordnung bei Arbeitsgesprächen und später beim Staatsbankett? Welches Outfit ist zu welchem Anlass zu tragen? Und vieles weitere mehr.

All diese Vereinbarungen beziehungsweise Regeln sollen helfen, dass Gast und Gastgeber weltweit ‚unfallfrei' und trittfest auf dem glatten politischen Parkett auftreten können.

Nun ist nicht gleich jeder bei einem Vertreter des Hochadels oder bei einem demokratisch gewählten Präsidenten eingeladen. Aber auch im klassischen gesellschaftlichen und beruflichen Miteinander gibt es überlieferte und den neuen Zeiten angepasste Umgangsformen.

Bei privaten Einladungen gibt es ebenso Regeln des gesellschaftlichen Umgangs. Zum Beispiel das gegenseitige Vorstellen, ob und in welchem Rahmen Geschenke oder Blumen mitgebracht werden.

Wer begrüßt wen in welcher Reihenfolge? Arme über Kreuz bei der Begrüßung? Auf keinen Fall! Wer betritt zuerst das Wohnzimmer? Wird mit dem gefüllten Aperitif-Glas angestoßen? Und, und, und.

Gar nicht so einfach, den höflichen Ansprüchen und Erwartungshaltungen im privaten Umfeld gerecht zu werden.

Beim genauen Hinsehen scheint es unzählbare Regeln zu geben. Diese erhalten durch den interkulturellen Umgang fast einen unüberschaubaren Umfang.

Kein Wunder, dass bei ‚aussterbendem‘ Vorbild das Vergessen vieler Regeln zu beklagen ist. Nicht umsonst wird von einer Verrohung der Sitten gesprochen. Die Oberbürgermeisterin von Köln, Henriette Reker (*1956) sprach im Januar 2025 von einer Verwahrlosung der Stadt.

Ellenbogen einsetzender Egoismus

Wer sich hilfesuchend in den sozialen Netzen umschaut, kann manch eigenartigen Kommentar lesen:

- „Ist doch alles egal."

- „Ich verhalte mich, wie ich will."

- „Wer mit mir zu tun haben will, muss mich nehmen, wie ich bin."

- „Meine Interessen sind am wichtigsten."

Solcher Art (ernst gemeinte) Äußerungen lassen bei einigen den Kopf schütteln. Soll die Gesellschaft tatsächlich so miteinander umgehen, wie in den Aussagen vermittelt wird?

Natürlich kann im einundzwanzigsten Jahrhundert sich jeder so verhalten, wie er will, solange er andere nicht schädigt.

Soll/muss deswegen das seit Jahrhunderten aufgebaute filigrane Miteinander so ‚harsch‘ mit den Füßen getreten werden?

Es entsteht der Eindruck, dass es vollkommen egal ist, welche Verantwortung der Einzelne für einen ‚fruchtbaren‘ Umgang miteinander hat.

Vielleicht sind es diese Einstellungen, die den Menschen vermehrt den Eindruck des aggressiven Egoismus wahrnehmen lassen.

Möglicherweise tragen Formen solcher Art zu den steigenden physischen wie psychischen Übergriffen bei. Sobald das menschliche Gegenüber an Wertschätzung verliert, steigt offenbar die Bereitschaft, übergriffig zu werden.

Der übertriebene, mit Ellenbogenmentalität einhergehende Egoismus scheint übertrieben und entfremdet die Gesellschaft.

Also mehr Verständnis miteinander!

„Ellenbogen weg und mehr Herz sprechen lassen!“

Freundlichkeit statt Egoismus?

Trotzdem: Höflich zu sein ist gar nicht so schwierig, wie es sich anhört. Das gute Benehmen lässt sich lernen.

Ein Blick auf die Freundlichkeit. Im Wort Freundlichkeit sticht deutlich der Begriff ‚Freund' heraus. Mit einem Freund wird offen, ehrlich, vertrauensvoll umgegangen. Freunde können sich aufeinander verlassen. Ein Freund wird nicht belogen, hintergangen oder bloßgestellt.

Wäre es nicht so, ginge die Freundschaft sehr wahrscheinlich auf Dauer in die Brüche. Der Umgang unter Freunden ist erkennbar positiv gestaltet. Dieses Verhalten zeigt das freundliche Miteinander.

Wie unterscheidet sich die Freundlichkeit von der Höflichkeit? Höflichkeit entsteht durch das Einhalten der Regeln, die das friedliche menschliche Zusammenleben koordinieren. Freundlichkeit zeigt den gegenseitigen Respekt und die Rücksichtnahme zu- und miteinander. Die innere Grundhaltung anderen Menschen gegenüber ist wohlwollend und wertschätzend.

Positives und herzliches Verhalten gehören zur Freundlichkeit. Freundlich kann jeder sein, sofern er es sein will. Überall, auch dort, wo er die Regeln der Höflichkeit nicht kennt.

Freundlichen Menschen wird gerne geholfen. Das lässt sich als Tourist im Ausland beobachten. Selbst wenn nicht alle landestypischen Umgangsformen bekannt/beherrscht werden, wird der Fremde respektvoll willkommen geheißen. Dem Gast geholfen. Er soll sich wohlfühlen. Achtet und respektiert der Gast die Bräuche und Sitten der fremden und unbekannten Kultur, tritt er freundlich auf, kann er sich behütet (wohl-)fühlen.

Das Überleben des Freundlichsten

Brian Hare (*1976) und Ehefrau Vanessa Woods (*1977, austr. Autorin) haben im Jahr 2021 ein Buch mit dem Titel ‚Survival of the Friendliest' veröffentlicht.

Der Titel scheint angelehnt an Charles Robert Darwins (brit. Naturforscher, 1809 – 1882) Publikation ‚Survival of the Fittest' (1859).

Sollte es tatsächlich so sein, dass nicht der Angepasste, der Fitteste, der Passendste auf Dauer überlebt und seine Gene weitertragen kann, sondern der Freundlichste?

Ist der Mensch nicht von Grund auf egoistisch, sucht seinen Vorteil, will besser/stärker/schneller als die anderen sein? Egoismus ade?

Oder bringt es ihm einen Vorteil, mit Höflichkeit, Zuvorkommenheit, Freundlichkeit aufzutreten? Es wäre fast zu schön, um wahr zu sein. Tatsächlich würde der Gedanke deutlich in den vorliegenden Zusammenhang passen.

Immerhin soll doch Höflichkeit gelebt werden, wozu sicherlich die Freundlichkeit zählt.

Der Titanic-Effekt

Es zeugt von guten Umgangsformen, den anderen vorgehen zu lassen.

„Bitte nach Ihnen."

Der andere freut sich über das höfliche Verhalten, hat er doch nun einen kleinen zeitlichen Vorsprung gewonnen.

Die Person, die den anderen hat vorgehen lassen, hat keinen nennenswerten Nachteil durch den Verzicht auf wenige Sekunden. Das Aufgeben des vorderen Platzes scheint unwichtig und nicht weiter entscheidend.

Eine zweite Person wird vorgelassen. Danach eine dritte, eine vierte und so fort.

Im unangenehmsten Fall wären schließlich alle vorgerückt. Die höfliche Person steht am Ende, ganz hinten, als Letzte.

Beim Untergang der Titanic hätte das zuvorkommende Verhalten vermutlich das Leben gekostet. Vorn Stehende haben leichter die Chance, in ein Rettungsboot zu kommen und dem Untergang zu entkommen.

Die letzte Person geht mit dem sinkenden Schiff unter.

Hier soll solch ein Vorgehen Titanic-Effekt genannt werden. Nach dem verheerenden Untergang der ‚unsinkbaren' RMS Titanic im Jahr 1912 mit ca. 1500 Opfern. Nur 712 Personen überlebten.

Viele Herzen hörten auf zu schlagen.

Helfersyndrom

Vorsicht, wenn eine Person übertrieben freundlich und hilfebereit ist. Sie hilft ständig und jedem. Leidet sie gegebenenfalls unter dem Helfersyndrom?

Die betroffene Person erfüllt jede Bitte und drängt sich manchmal regelrecht auf, helfen zu dürfen. Auf Dauer schadet ihr dieses Verhalten – manchmal dem Geholfenen auch.

Kindness

„Edle Herzen erkennt man vorzugsweise an dem,
was sie erfreut."
Franz von Holtzendorff, dt. Rechtswissenschaftler
(1829 - 1889)

Freundlichkeit und Nettigkeit

Im Gegensatz zu der am Hofe definierten Höflichkeit, findet sich der menschliche, der freundliche Umgang miteinander.

Der heutzutage verstärkt benutzte Begriff Kindness, ein Wort aus der englischen Sprache, steht für Freundlichkeit oder auch Nettigkeit (Niceness). Wobei ‚nett' für viele Menschen harmlos und nichtssagend klingt.

Die meisten Menschen ziehen ein harmonisches Miteinander unschönen Auseinandersetzungen und Verwirrung stiftender Missstimmungen aller Art vor. Das ist der eigene Wunsch und das Selbstbild. Wie sieht das eigene Verhalten nach außen aus? Wie ist das Fremdbild?

Weshalb verhalten sich denn nicht erkennbar mehr Menschen freundlich zueinander? Weshalb sind allenthalben schlecht gelaunte Menschen mit mürrischem Gesichtsausdruck zu sehen? Nicht nur das: Sie sind auch noch unfreundlich anderen gegenüber.

Bekanntlich ist das Leben vergänglich und somit einmalig. Würden nicht – auch harmlose – Nettigkeiten die Stimmung aufhalten und eine wohlfühlende Atmosphäre erzeugen?

Dabei geht es nicht um honigtriefende oder schleimende, falsche oder aufgesetzte Freundlichkeit. Nein, es ist eine ernst gemeinte Aufmerksamkeit anderen gegenüber gemeint.

Nettigkeit

‚Bitte' und ‚Danke', ein freundliches Lächeln, ein aufmunterndes Zunicken, beim Betreten des Wartezimmers, beim Sitznachbarn in Bus, Bahn oder Flugzeug, beim Einkauf und bei vielen anderen Gelegenheiten mehr.

Freundlich oder nett zu sein kostet in der Regel kein Geld. Nur etwas innere Motivation ist aufzubringen, ein ‚gutes Gesicht' zu zeigen. Also denn.

Zugegeben: Das Wort ‚nett' hat wie erwähnt einen leicht zweifelhaften Ruf von nichts ausdrückender Bedeutung.

Makellos

Nett kommt ursprünglich aus dem Lateinischen ‚nitidas' für ‚glänzend', ‚stattlich'. Später verfeinerte die französische Sprache das Wort als ‚net' für ‚makellos', ‚fein'.

Makellos, als ohne jeglichen Makel (lateinisch ‚macula' für ‚Fleck' oder ‚Fehler'). Sozusagen ‚ohne Fleck auf der Weste'.

Die Bedeutung hat sich im Laufe der Zeit etwas gewandelt. Heute hat das Wort eher die Bedeutung von ‚liebenswert' oder ‚sympathisch'. Allerdings ohne besonders menschliches Profil.

Sympathisch klingt ganz passend. Verhält sich jemand in diesem Sinn nett, wirkt er auf andere ansprechend.

In Zeiten verblassender Umgangsformen scheint es sogar notwendig, auf den Bedarf der Nettigkeit ab und zu hinzuweisen. Nicht umsonst gibt es deswegen wohl den

- Welt-Nettigkeitstag am 13. November und den
- Mach-etwas-Nettes-Tag in den USA am 5. Oktober.

‚Mach etwas Nettes' fordert der letztgenannte Tag auf. Er erinnert – einmal im Jahr – daran, in diese Richtung aktiv zu werden.

Offensichtlich scheint es notwendig aufzurütteln und in Erinnerung zu bringen, auch mal nett zu sein. Andererseits – was spricht dagegen?

Kindness liegt im Trend

Im Business drängt sich gerade zögerlich und vorsichtig die Kindness in den Vordergrund, was das erwartete Führungsverhalten betrifft. Die Zeiten des autoritären Führungsstils sind sowieso schon lange überholt. Zumindest gilt das für aufgeschlossene Führungskräfte.

Früher wurde ein allzu freundlich wirkendes Verhalten der Führungskraft gegebenenfalls sogar als Schwäche gedeutet. Heute darf eine Chefin oder ein Chef Schwächen zeigen, unabhängig der gezeigten Freundlichkeit.

Geschätzte 100 Jahre zurück war es in vielen Familien noch nicht mal üblich, dass der Vater seine Kinder anlächelte oder gar nett mit ihnen umging. Solange liegt das noch gar nicht zurück. Diese Distanz war bestimmt schlimm für den Nachwuchs.

Gut, die Zeiten ändern sich. Damit auch die Werte und Einstellungen. Das freundliche Miteinander im Unternehmen wie in der Familie verschönert das Leben. Das Leben wird stressfrei, zumindest in diesem Bereich.

Im Berufsleben ist die Kindness nun angesagt. Im Gesellschaftlichen könnte sie problemlos übernommen werden.

Freundlich sein zu Dienstleistern, zu Staatsbeamten und zu Beschäftigten des Sicherheitswesens. An sich eine Selbstverständlichkeit. In umgekehrter Richtung gilt das natürlich auch.

Freundliches Verhalten auch gegenüber allen anderen, mit denen zusammengekommen wird.

Also: Freundlich und nett sein und die gegenseitige Fairness optimieren! Anders ausgedrückt: Herz zeigen!

„Zeigt ein edles Herz!"

Wertschätzung

Die Person ist voller Wert

Zu dem Wertvollsten im Leben gehört das Herz. Im Herz sitzen die inneren Werte des Menschen, seine Stärken und Schwächen. Das, was den Menschen ausmacht.

Bestimmte Charaktereigenschaften gibt das Herz vor. Diese Charaktereigenschaften machen die Individualität aus. Jemand ist mutig oder nicht. Eine Behauptung wie

„Du bist mutig."

hilft der ängstlichen Person in der Regel nicht, da sich allein deswegen der Mut nicht einstellt.

Das Herz lässt sich von außen nicht ,verbiegen'. Zumindest ist es Jean-Jacques Rousseaus Meinung. Nur dann, wenn das Herz es will, nimmt es Einfluss auf die Persönlichkeit seines Trägers.

Sich seiner selbst bewusst sein

Immer wieder ist der Wunsch danach zu hören, andere wertzuschätzen.

Dabei wird manchmal vergessen, dass Wertschätzen zuerst bedeutet, sich selbst zu akzeptieren.

Wer seine eigenen Stärken und Schwächen kennt, wer sich seiner selbst bewusst ist, weiß, was ihn ausmacht, seine Eigenschaften kennt, schätzt seine individuellen Werte.

Gelingt ihm das, kann er auch andere Menschen anerkennen, unabhängig erbrachter Leistungen oder Fähigkeiten.

Innere Schätze und Werte

Beide Wortteile des Wortes Wertschätzung zeigen eine besondere Bedeutung. Darin stecken ‚Wert' und ‚Schatz'. Der Wert zeigt, dass die Persönlichkeit Kostbarkeiten oder Qualitäten innehat. Die Person ist voller Wert – sie ist wertvoll.

Wer würde sich nicht freuen, einen Schatz zu finden? Ein Schatz ist etwas Außergewöhnliches und meist materiell, kann aber auch ideell/immateriell sein.

Eine Persönlichkeit verbirgt manchen Schatz, über dessen Besitz sich die Person erst einmal selbst bewusst werden kann. Das Selbstbewusstsein wird durch das Bewusstsein gestärkt.

Wertschätzen ist etwas Besonderes. Statt wertschätzen lässt sich auch sagen: jemanden achten, akzeptieren, anerkennen, hochachten, hochhalten, (ver-)ehren, viel geben auf …

Wer jemanden wertschätzt, zollt ihm Respekt. Er zeigt Wohlwollen im Sinne einer positiven Hinwendung. Er baut zum anderen eine sympathische Beziehung auf.

Dabei gerät die eigene Wertschätzung manchmal ungewollt in Vergessenheit oder in den Hintergrund.

In sich gehen und innere Werte finden

Die Wertschätzung sich selbst gegenüber soll nicht unterschätzt oder gar vergessen werden. Der Mensch entwickelt sich weiter, wird älter, sammelt Erfahrungen.

Deshalb ist es gut, hin und wieder ‚in sich zu gehen'. Auch dann, wenn es ungewöhnlich klingen sollte: Wer sich selbst wertschätzt, bekommt eine andere, eine bessere Sicht zu sich selbst und zum eigenen Verhalten.

Steigt die Erkenntnis der eigenen wertvollen Persönlichkeit, kann noch offener, ehrlicher – und wertschätzender – mit anderen umgegangen werden.

Positive Hinwendung

Wertschätzung bezeichnet also die positive Hinwendung zu sich selbst <u>und</u> zum Gegenüber. Wer sich selbst wertschätzt, baut seine Selbstachtung, seinen Selbstwert auf.

Es zeigt sich, dass Menschen mit gut ausgeprägtem Selbstwert von anderen verstärkt wahrgenommen und auch wertgeschätzt werden.

Folglich heißt das, dass es wichtig ist, zuerst sich selbst zu achten und sich mit allen seinen Stärken und Schwächen schätzen zu lernen.

Dann wird es auch problemlos gelingen, anderen gegenüber wertschätzend und respektvoll aufzutreten.

Interessanterweise zeigen Menschen mit schwach ausgeprägtem Selbstwertgefühl oft anderen gegenüber eine geringe Wertschätzung. Sie achten den anderen nicht.

Manchmal handeln sie mit verharmlosendem Lächeln, um über die eigenen Pläne zu täuschen. Manchmal gehen sie auch offen vor, unberührt über Kritik, die andere an ihrem Verhalten äußern. Sie gehen – zumindest innerlich – kalt vor.

Hier öffnet sich der Weg zum Mobbing und zur Diskriminierung sehr schnell. Andere werden ‚geringgeschätzt‘ bis hin zu ‚verachtet‘. Sie werden unfair behandelt.

Für das Gute einstehen

Menschen wie der indische Rechtsanwalt Mohandas Karamchand (Mahatma) Gandhi (1869 – 1948), der US-amerikanische Baptistenprediger Martin Luther King (1929 – 1968), der südafrikanische Rechtsanwalt Nelson Rolihlahla Mandela (1918 – 2013) und viele andere kämpften – oft gewaltfrei und jahrelang – für die Gleichberechtigung der Menschen oder dafür, dass die Menschen gleich behandelt werden, wertschätzend und fair.

Sie steckten viel Energie und Lebenszeit in ihr Bestreben.

Obwohl sie Gutes antrieb, mussten viele dieser so handelnden Idealisten ihre Ideen, ihre Visionen mit dem eigenen Leben bezahlen.

„Sie hatten ein großes Herz.“

Empathie

„Der Begriff Herz ist im Leben schlecht angesehen,
indem man darunter das Weiche, Weibische, Sentimentale versteht
und nicht das durch den Verstand richtig geleitete Gefühl."
Ida Gräfin von Hahn, eigentlich (Ida Marie Louise Sophie
Friederike Gustave Gräfin von Hahn), dt. *Schriftstellerin*
(1805 - 1880)

Einfühlungsvermögen

Das Herz ist weiblich, der Verstand soll männlich sein? Weil das Herz als das ‚Weibische' angesehen wird? Was meinte Ida Gräfin von Hahn mit dieser Behauptung?

Meinte sie wirklich, dass der Verstand immer für eine richtige, eine erfolgreiche Vorgehensweise steht? Verhalten, die früher Männern nachgesagt wurden?

Für die Frau – und somit das Herz – bleiben Weichheit und Sensibilität. Zumindest sind das häufig gehörte und typische Eigenschaften, die einer Frau zugeordnet wurden. Nun, solch ein Denken ist weitestgehend überholt, zumindest infrage gestellt.

Die spanische Armada, beauftragt durch den spanischen Monarchen Philipp II. (1527 – 1598), stand der englischen Flotte im Ärmelkanal gegenüber.

Mit einer ergreifenden Rede (Tilbury-Rede, August 1588) schwor die englische Regentin Elisabeth I. (1533 – 1603) ihre Truppen überzeugend auf die bevorstehende Auseinandersetzung ein. In einem Absatz ihrer Rede bringt sie das Herz unter. Sie bringt ihr Herz mit dem ‚schwachen', weiblichen Geschlecht zusammen.

- „Ich weiß, dass ich zwar den Leib eines schwachen kraftlosen Weibes, dafür aber Herz und Mark eines Königs, ... habe."

Sie zeigte durch dieses Auftreten eine bemerkenswerte Stärke. Die Herzen flogen ihr zu.

Es gibt mittlerweile genügend ‚tough' vorgehende Frauen, die riesige Unternehmen erfolgreich führen.

Es gibt genügend kreative Männer, die Erfolg im künstlerischen Wirken vorweisen können.

Typisch männliche Berufe wurden und werden von Frauen ‚erobert' und umgekehrt ebenso. Selbstredend ist es gut, dass es Unterschiede zwischen dem weiblichen und männlichen Geschlecht gibt. Jedes Geschlecht darf allerdings jedwede Charaktermuster zeigen.

„Ein Mann darf weinen."

„Eine Frau darf im Bergbau arbeiten."

Viel wichtiger ist, dass sich ein Mensch in einen anderen hineinversetzen kann.

Gefühle des Gegenübers nachempfinden

Die Griechen kannten das Wort ‚empátheia', was für ‚leidend', ‚fühlend' steht. Empathie ist die psychische Fähigkeit, sich in die Lage des anderen gedanklich hineinzuversetzen.

Wer empathisch ist, nimmt die Gedanken und die Empfindungen des Gesprächspartners wahr. Er kann weitestgehend nachempfinden, wie sich das Gegenüber fühlt.

Dabei handelt es sich keineswegs um übersinnliche Kräfte. Nein, es zeigt das Vermögen nachzuempfinden, welche Emotionen das Gegenüber gerade erlebt. Dazu benötigt es Aufmerksamkeit und gute Beobachtungsgabe.

Sensibilität

Wer die Gemütsstimmung des Gesprächspartners deuten kann, kann mit ihm viel sensibler umgehen.

Sensibler heißt in diesem Zusammenhang, dass er noch deutlicher und feinfühliger auf die eigene Gesprächsführung und Wortwahl achtet.

Das Gespräch soll schließlich positiv verlaufen. Ein Mensch ohne Empathie verhält sich manchmal ungewollt wie der Elefant im Porzellanladen. Er tritt ständig dem anderen auf die Füße und verletzt ihn ungewollt.

Wird empathisch und sensibel im Gespräch miteinander kommuniziert, können Ziele zügig gefunden werden, die in beiderseitigem Interesse liegen.

Sagen und verstehen

Die Vorgesetzte Frau Schulte klagt, dass sie ihren Mitarbeitern schon 1.000 Mal etwas gesagt habe. Aber: Es würde sich nichts ändern.

„Das habe ich denen schon 1.000 Mal gesagt."

Liegt es vielleicht daran, dass die Mitarbeiter sie 1.000 Mal nicht verstanden haben?

Es ist egal, ob einer 1.000 Mal etwas sagt, ohne dass es der andere versteht. Viel wichtiger – vielleicht sogar am wichtigsten – ist, dass der Angesprochene wirklich <u>versteht</u>, was gemeint ist.

Und zwar ‚richtig' versteht, nämlich so, dass er tatsächlich weiß, was ihm vermittelt werden soll.

Eine Basis-Regel der Kommunikation legt bereits fest, dass das, was der Angesprochene versteht, als richtig gilt. Nicht das, was der Sprechende sagt.

Also muss so kommuniziert werden, dass der Zuhörende die Möglichkeit hat, die Nachricht klar zu verstehen und weiß, worum es geht.

Um das zu erreichen, braucht der Sprechende eine ordentliche Portion Einfühlungsvermögen – hier Empathie. Das gilt als eine ausschlaggebende Voraussetzung, möglichst wenige Unklarheiten zu erzeugen.

Wo immer dieses Verstehen aufgrund subjektiver Beeinflussung geschwächt wird, kann es zu deutlichen Missverständnissen und Misserfolgen kommen.

Immerhin ist ein Austausch kein Gespräch, das nur in eine Richtung erfolgt. Es ist kein Befehl, der unkommentiert durchgeführt werden soll. Sondern es handelt sich um ein ausgewogenes Sagen und Fragen in beide Richtungen.

Solch ein Austausch ermöglicht und erbittet Nachfragen. Dadurch wird Missverständnissen vorgebaut.

Etwas mehr Herz – im Sinn von Gefühlen – und etwas weniger Verstand – im Sinn von Logik – ist hin und wieder sinnvoll. Dann kann eine harmonische Gesamtheit entstehen.

Aufrichtige Zugewandtheit

„Das Herz ist der Schlüssel der Welt und des Lebens."
Novalis, eigentlich (Georg Philipp Friedrich Leopold
Freiherr von Hardenberg), dt. Lyriker
(1772 - 1801)

Offen und interessiert

Anton erzählt stolz über seine Freundin. Er sagt:

„Sie ist herzensgut."

Die beschriebene Person ist gut. Sie ist gütig. Sie ist voller Herzensgüte.

Sie zeigt sich warmherzig und mitfühlend. Sie handelt gewaltfrei sowie sanft, mild und wohlwollend. Sie vertritt als Standard eine positive Grundeinstellung gegenüber dem Gesprächspartner.

Laute Worte, schullehrerhafte Belehrungen oder schuldzuweisende Kritik sind von einer herzensguten Person so gut wie nicht zu erwarten.

Sollte ein Konflikt zu bewältigen sein, wird mit überlegter, sensibler Wortwahl gesprochen. Es wird Verständnis für den Gesprächspartner gezeigt und es wird jegliche Schuldzuweisung vermieden.

Auch bei unterschiedlicher Meinung kann ein freundlicher Ton beibehalten werden.

Gewinner hier und Gewinner dort

Weiterhin heißt die Strategie nicht ‚Gewinner und Verlierer', sondern ‚Gewinner und Gewinner'. Die gefundene Lösung soll für alle Beteiligten gesichtswahrend bleiben.

In einem Gespräch, zum Beispiel in einem Verkaufsgespräch, strebt oft jeder danach, als Gewinner aus der Verhandlung zu gehen.

Dabei spielt es nicht unbedingt eine Rolle, sollte der Gesprächspartner als Verlierer hervorgehen. Die Hauptsache: Der eigene Erfolg ist erreicht.

Angenehmer und fairer wird es, wenn jeder der beiden bestrebt ist, auch den anderen als Gewinner zu sehen. Die erwähnte Gewinner-und-Gewinner-Strategie ist idealerweise anzustreben.

Die harmonisch durchgeführte Gesprächsführung hilft, mit dem Gegenüber gleichwertig umzugehen.

Wörter und Formulierungen wie ‚bitte', ‚danke', ‚darf ich Sie bitten', ‚ist das so in Ordnung?' und allgemeine Freundlichkeit gehören zum verwendeten Umgangston. Vermeintlich gute Ratschläge („du solltest …") werden vermieden.

Die emotionale Lage des Gesprächspartners wird berücksichtigt. In Konfliktgesprächen oder in schwierigen Gesprächskonstellationen trennt die Person Fachliches von Menschlichem. Sie kritisiert nicht die Person, sondern beschreibt das, was fachlich/sachlich zu optimieren ist.

An sich sind die beschriebenen Verhaltensmuster in professioneller Umsetzung sowieso üblich. Leider ist nicht jeder ein Profi und nicht jeder tritt herzensgut auf.

Eiskaltes Vorgehen trainieren?

Bei dieser Vorgehensweise wird das Gegenüber wirklich als menschliches Individuum mit eigenen Bedürfnissen wahrgenommen? Wendet sich die Person dem anderen körperlich wie gedanklich zu? Versucht die Person den Gesprächspartner zu verstehen? Ist sie an seinen Äußerungen und Gedanken interessiert?

Viele Fragen, die entsprechend zu beantworten sind. Der Gesprächspartner merkt sehr schnell, ob er geachtet wird. Er merkt auch, wenn er lediglich als ‚durchlaufende Nummer' gesehen und behandelt wird.

Der Gesprächspartner bevorzugt weiterhin, dass sich für seine Ideen, Vorschläge und Einwände interessiert wird – tatsächlich interessiert wird. Er will nicht, dass diese ‚einfach abgetan' oder weggewischt werden.

Ein offenes und ehrliches Vorgehen entspricht der Vorgabe der aufrichtigen Zugewandtheit.

Amor und der Liebespfeil

Hanna und Matteo treffen sich erstmalig. Schon beim ersten Blick sind sie wie vom Blitz getroffen. Sie empfinden eine starke Zuneigung und haben sich ineinander ‚verguckt', sprich verliebt. Wie ist das möglich?

Passenderweise wird Gott Amor (auch Capido, im alten Griechenland Eros) dafür verantwortlich gemacht, einen Liebespfeil abgeschossen zu haben.

Amor, Sohn der Venus und des Mars, ist der junge Gott der Liebe, genauer der Gott des sich-gegenseitig-Verliebens.

Gott Amor ist noch im Wachstum und wird oft als Frechdachs, als Tu-nicht-gut dargestellt. Wer von einem seiner Liebespfeile ins Herz getroffen wird, kann sich der entflammenden Liebe nicht entziehen. Das (sexuelle) Verlangen zur anderen Person wird extrem.

Nun gut, Gott Amor hat seine Finger, genauer seine Liebespfeile, im Spiel.

Soll Hanna und Matteo eine liebevolle und langjährige Gemeinschaft gewünscht werden. Sollen sie offen und dauerhaft miteinander umgehen können.

„Als ich Hanna zum ersten Mal sah, war ich wie vom Blitz getroffen."

Das erzählt Matteo liebend gerne. Hätte ihn tatsächlich der Blitz getroffen, könnte er diese Erzählung nicht zum Besten geben.

Naja, da, wo die Liebe hinfällt … Auch dieser Satz ist nicht korrekt. Die Liebe fällt nicht einfach so vom Himmel.

Die Liebe wurde verschossen. Amors goldener Pfeil traf Matteo mitten ins Herz. Volltreffer.

Matteo verliebte sich, ja, er musste sich in Hanna verlieben, ob er wollte oder nicht. Hannas Herz wurde übrigens auch von einem Pfeil begünstigt.

Nebenbei: Ist Amor ganz übel drauf, verschießt er einen Bleipfeil. Dieser löst Verachtung, Untreue oder sogar Vergessen aus.

Hanna erzählt ihrer Freundin:

„Ich trage Matteo im Herzen."

Im Herzen werden bekanntlich die Dinge getragen, die für den Träger am wichtigsten sind.

Hanna trägt nun sogar Matteo <u>in</u> ihrem Herzen, dem innersten und geschütztesten Platz, den sie zur Verfügung stellen kann.

Mit dieser Redewendung wird die innige Liebe zu einer Person verbalisiert.

Die innige Liebe in der Baumrinde

Damit auch auf Dauer jeder sehen kann, wie verliebt die beiden sind, hinterlassen sie bei einem Spaziergang eine eindeutige Nachricht.

Ein stämmiger Baumstamm am Rande des idyllischen Wegs scheint der richtige zu sein.

Auf Augenhöhe ritzt Matteo ein handflächengroßes Herz in die Rinde. Ins Herz schreibt er Hannas und seinen eigenen Namen. Auf Hannas Vorschlag ergänzt er noch einen Pfeil, der das Herz durchbohrt.

Nach der Aktion tauschen beide einen herzlichen Kuss aus und schwören sich ewige Liebe. Wie herzerweichend.

Ein Kind unter dem Herz tragen

Eine Frau ist schwanger. Die Nachbarn tauschen sich aus. Eine Nachbarin stellt fest:

Das bedeutet nichts anderes, als dass sie in ‚anderen Umständen‘, also schwanger ist.

Die gewählte Formulierung klingt etwas gehobener, das Ungeborene mit dem Herzen in Verbindung zu bringen.

Es hört sich fast so an, als würde der Nachwuchs unter Aufsicht und Schutz des Herzens heranwachsen.

Gut, dass die Wärme und Zuneigung dem Ungeborenen Aufmerksamkeit schenken.

Der Herzensdieb und der Herzensbrecher

Tja, neben aller Offenheit gibt es bedauerlicherweise auch die Menschen, die die Offenheit ausnutzen.

Hierzu zählt beispielsweise derjenige, der die liebevolle und ehrlich gemeinte Zuneigung absichtlich bricht. Das von einem/er Liebenden verschenkte Herz und das damit verbundene Vertrauen wurden missbraucht.

Die Person stiehlt die liebevolle Zuneigung, was ihr den Namen Herzensdieb eindringt.

Ähnlich geht der Herzensbrecher vor. Bekannt ist er seit dem zwanzigsten Jahrhundert. Er ist ein Mensch, der erfolgreich bei einer anderen Person ‚ankommt‘.

Er wirkt auf das (meist) weibliche Gegenstück sehr charmant, äußerst begehrenswert und tritt mit tadellosen Umgangsformen auf.

Tatsächlich geht es ihm ausschließlich um sein eigenes Vergnügen und seine eigenen Vorteile. Das gezeigte Interesse an der anderen Person dient lediglich der Befriedigung seiner eigenen Bedürfnisse.

Früher gab es für ihn den Namen Frauenheld, oder ein ‚Verführer'. Heutzutage wird die englische Formulierung Womanizer bevorzugt.

Eine andere Bezeichnung für ihn ist der Schürzenjäger. Die Schürze stellt das Symbol der in der Küche arbeitenden Frau dar. Der Mann ist der Jäger – der Schürzenjäger.

Aus der Vergangenheit und der Literatur ist Casanova (Giacomo Girolamo Casanova, venezianischer Lebemann, 1725 – 1798) bekannt, solch ein bekannter (und von einigen Frauen der Gesellschaft angehimmelter) Herzensbrecher gewesen zu sein.

Beim Jäger wie beim Gejagten klopfte das Herz bei der gesuchten und erfüllten Gemeinsamkeit bis zum Hals.

Aus der jüngeren Vergangenheit soll noch ein als allgemein sympathischer Herzenssprecher erwähnt werden. Der Begeisterung auslösende Film ‚5 Millionen suchen einen Erben' zeigte einen Höhepunkt bei folgendem Bekenntnis:

- „Ich brech' Herzen der stolzesten Frau'n, weil ich so stürmisch und so leidenschaftlich bin."

Gesungen von Heinrich ‚Heinz' Wilhelm Rühmann (1902 – 1994), komponiert von Lothar Brühne (1900 – 1958) und Gustav Hermann Bruno Balz (1902 – 1988).

Wer den Film gesehen hat, weiß, dass Heinz Rühmann sich alles andere als stürmisch zeigte. Das brachte dem Gesang noch mehr Originalität ein.

Passend zu ihm könnten Dritte behaupten:

„Ihm fliegen alle Herzen zu."

Das wäre zumindest ein Nachweis, dass Herzen fliegen könnten.

Nicht, dass die Herzen hingeworfen oder in eine gewisse Richtung vom Träger geschossen würden. Nein, sie fliegen ganz allein und aus freiem Willen.

Glücklicherweise ziehen sie ihren Träger mit, sonst wäre dieser zu seinem Leidwesen ohne Herz.

Fliegt demnach jemandem ein Herz zu, muss er sehr anziehende Kräfte haben. Bestimmt überzeugt er mit seinem galanten Auftreten, seinem tadellosen Benehmen, seiner einnehmenden Körpersprache und natürlich der charmant geführten Kommunikation.

Das sind alles Verhaltensmuster, die einem Herzensbrecher helfen, problemlos Erfolge zu erzielen.

„Er erobert alle Herzen im Sturm."

So stellt es kein Wunder dar, dass er für seinen Erfolg nicht sehr viel und schon gar nicht lange arbeiten muss.

Die Redewendung stellt klar, dass er alle Herzen im Sturm erobert – also ruckzuck.

Final sei noch einmal betont, dass ihm nicht nur <u>ein</u> Herz zufliegt, sondern alle. Zumindest alle, die infrage kommen. Schließlich darf der Herzensbrecher sehr wählerisch sein.

Auch manchem Popstar fliegen die Herzen der Bewunderer zu, manchmal auch einem charismatischen Politiker.

Charisma

In der altgriechischen Sprache gibt es das Wort ‚charisma‘ für ‚freiwillig gewährte Gunst‘. Im Wort Charisma findet sich auch ‚charis‘, welches ‚Charme‘ bedeutet.

Der oben erwähnte charismatische Politiker besticht durch seine überzeugende Ausstrahlungskraft und seine positive, manchmal visionäre Lebenseinstellung.

Der Charismatiker schafft es, andere Menschen von seinen Ideen zu überzeugen, da er Vertrauen genießt. Er wirkt sehr glaubwürdig. So kann er andere ‚mitziehen‘, die angestrebten Ziele zu erreichen.

Herzklopfen

Arbeitet das Herz im ‚stressfreien Modus‘, fühlt es sich angenehm und (be-)ruhigt. So wie sein Träger auch. In aller Ruhe und Ausgeglichenheit klopft das Herz im gleichen zeitlichen Abstand.

In aufregenden Situationen und unter steigendem Stress klopft das Herz schon mal schneller.

Der Träger realisiert ein heftigeres Pochen seines Herzens im Vergleich zu sonst.

Es könnte angenommen werden, dass das Herz um Aufmerksamkeit pocht. So, als wolle es bei seinem Träger deutlich anklopfen und auf die veränderte Situation hinweisen.

Auch dann, wenn Amors Pfeil getroffen hat, gibt das Herz ein stärker pochendes Signal.

Wie beschrieben löst der Pfeil Gefühle und Aufmerksamkeit aus. Der Getroffene befindet sich schlagartig in einer (positiven) Stresssituation.

Seinem Freund gegenüber äußert er:

„Ich habe starkes Herzklopfen.“

Manchmal wird bei der Aussage gleichzeitig eine Hand kurz auf die linke Brustseite gelegt, wo sich das klopfende Herz befindet.

Nervosität und Klopfen des Herzens

Auch bei einem wichtigen Gespräch kann dieses Herzklopfen eintreten. Die Nervosität unmittelbar vor dem Zusammentreffen steigt, manchmal fast bis ins Unerträgliche.

Auch in diesem Zusammenhang könnte eine Warnung des Herzens gesehen werden: „Pass auf, sei aufmerksam, es handelt sich um ein wichtiges Gespräch."

Der Betroffene kann später seinem Kollegen berichten:

„Ich hatte starkes Herzklopfen, bevor ich den Raum betrat."

Das tatsächliche Herzklopfen lässt das Blut schneller im Körper zirkulieren. Somit wird Sauerstoff vermehrt ins Gehirn gebracht. Das hilft dem Gedächtnis und dem Gehirn, besser arbeiten zu können.

Handelt es sich hierbei nicht um ein Beispiel wunderbarer Zusammenarbeit zwischen Herz und Hirn?

Zur Information: Herzklopfen oder Herzrasen kann medizinische Ursachen haben. Die Konsultation einer Ärztin oder eines Arztes scheint ratsam.

Herzschmerz

So soll noch Herzschmerz erwähnt werden. Solange keine medizinische Indikation angezeigt ist, tritt Herzschmerz bei Traurigkeit ein. Zum Beispiel dann, wenn Liebeskummer vorliegt.

Die betroffene Person leidet tatsächlich extrem, mehr als das Wort ‚Kummer' vermuten lässt.

Appetitlosigkeit, Bauchschmerzen oder Depressionen und andere können auftreten. Es kann einige Tage dauern, bis der Herzschmerz überwunden ist.

Herzschmerz ist nicht mit medizinisch bedingten Herzschmerzen gleichzusetzen. Zum Herzschmerz im erwähnten Sinn gibt es keine Pluralform.

Herzleiden

Es fühlt sich so an, als litte das Herz mit dem Träger. Die Person leidet und das Herz leidet auch.

Nicht umsonst wurde früher in solch einem Zusammenhang auch von Herzeleid gesprochen.

Ein Angriff physischer oder psychischer Art verursacht eine Wunde, zumindest entstehen Schmerzen.

Gemeint sind nicht medizinisch bedingte Herzschmerzen, sondern der nicht greifbare (aber spürbare) Herzschmerz. Ein unangenehm drückendes Gefühl, wie es der Liebeskummer auslösen kann.

Der Schmerz im Herzen kann so stark werden, dass das Herz bricht. Es ist dann ein gebrochenes Herz.

„Des Menschen Herz ist wie Quecksilber, jetzt da,
bald anderswo, heute so, morgen anders gesinnt."

Martin Luther, dt. Theologe und Reformator

(1483 – 1546)

Teil 3 – Herzlichkeit

Herzlichkeit

Das kleine und das große Herz

*„So mancher meint ein gutes Herz zu haben,
und hat nur schwache Nerven."*

**Marie Freifrau Ebner von Eschenbach, österr. Erzählerin
(1830 - 1916)**

„Herzlichen Glückwunsch"

Viele Reden zu eingeladenen Gästen beginnen mit diesen oder ähnlichen Worten.

Nach dem „Herzlichen Willkommen" wird hier und dort ein Glückwunsch ausgesprochen.

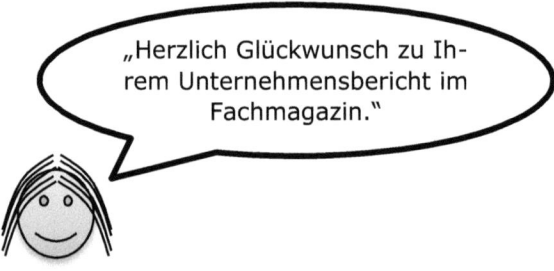

Im gesellschaftlichen Einzelgespräch:

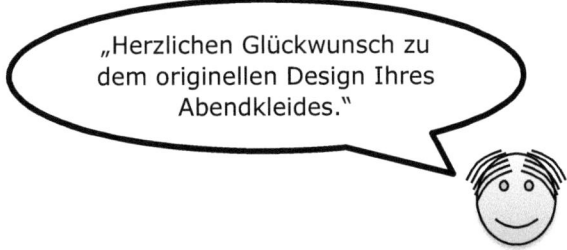

„Herzlichen Glückwunsch zu dem originellen Design Ihres Abendkleides."

Wird ein Glückwunsch – zum Beispiel zum Bestehen einer Prüfung oder zum Geburtstag – übermittelt, wird dieser häufig durch das vorangestellte Wort ‚herzlichen' verstärkt.

Glückwünsche sind, wie das Wort verrät, Wünsche zum Glück. Demnach sind sie positiv belegt. Das vorangestellte ‚herzlich' verstärkt die Wünsche zum Glück. Sozusagen eine Steigerung zum Glück, das die deutsche Sprache nicht steigern kann.

Die Wünsche kommen bildlich gesehen ‚aus tiefem Herzen', nicht etwa aus rationalen Gründen aus dem Gehirn.

Bei geschätzten 84.000.000 Einwohnern Deutschlands haben statistisch betrachtet täglich etwa 230.000 Geburtstag.

Kaum vorzustellen, wie viele Glückwünsche – und vor allem herzliche – übermittelt werden. Das sind immens viele Wünsche zum Glück. Fast scheint es so, als vermissten die Menschen Glück – oder als wären sie gar unglücklich.

Auch zum Abschluss einer besonderen Veranstaltung wird oft Dank geäußert, der dann zum ‚herzlichen Dank' wird.

Herzlich, herzlicher, am herzlichsten

Manchmal wird die deutsche Grammatik überanstrengt. Nämlich dann, wenn ‚herzlich' gesteigert wird.

„Herzlichsten Dank."

Kann etwas herzlicher als herzlich sein? Und dann noch eine Steigerungsstufe höher, etwa so wie ,am herzlichsten'?

Ist somit die Aussage ,herzlichsten Dank' mehr wert als ,herzlichen Dank'?

Stopp, es geht noch mehr. Nämlich durch die Voraussetzung des Wortes ,aller'. So kommt es zu ,allerherzlich' bis zum ,allerherzlichsten Dank'.

Stammt der Dank nun von ,aller Herzen', also allen anwesenden Menschen? Oder ist das unversehrte (und nicht ein Stück davon) Herz gemeint?

Wie auch immer, der geäußerte Dank soll jedenfalls in voller Güte von Herzen kommen.

In Nachrichten (und früher auch in Briefen) ist häufiger auch von ,herzlichen Grüßen' zu lesen.

„Allerherzlichsten Dank
für das entgegenge-
brachte Vertrauen."

Herzlichkeit und Herzlosigkeit

Anni unterhält sich mit einer Freundin über den neu zugezogenen Nachbarn. Nicht, dass er fantastisch gut aussehen soll, und ‚so ein charmantes Lächeln zeigt ‚sondern er …

„… ist ein herzlicher Typ."

Anni meint mit herzlich, der Nachbar sei freundlich, lieb und zugewandt. Eigenschaften, die sie als sympathisch zuordnet.

Herzlichkeit zeigt eine leichte, aufrichtige Zuneigung, unterstützt von Freundlichkeit und Hilfsbereitschaft. Wird jemandem ein herzliches Wesen zugeschrieben, sind solche Charaktereigenschaften und Vergleichbare gemeint.

Laut Duden bietet das Wort Herzlichkeit keine Pluralform. Eine Person kann demnach keine Herzlichkeiten besitzen. Entweder ist die Person herzlich oder herzlos.

Herzlos versus lieblos

Dem Herzlosen fehlen offenbar die angenehmen Charaktereigenschaften – zumindest zeigt er sie nicht. Er wirkt kühl, unnahbar, uninteressiert.

Die meisten Menschen bevorzugen den Umgang mit Personen der herzlichen Art. Der herzliche Umgang erleichtert diesen.

Gerade in kniffligen Situationen oder Begegnungen, die mit Angst belegt sein können (zum Beispiel beim Arztbesuch), hilft der herzliche Ton, die Atmosphäre zu entspannen und den kommunikativen Austausch zu erleichtern.

Das Pärchen hat sich von dem einladenden Paar verabschiedet und befindet sich im Auto auf der Rückfahrt.

Beide sind mit sich zufrieden, da sie die gleiche Meinung vertreten.

Als Gegenteil von ‚liebevoll' ist ‚herzlos' gesetzt. Es sieht so aus, als könnte die beschriebene Wohnung sinnvoll oder praktisch eingerichtet sein. Sie scheint aber eine gewisse unsympathische Kälte auszustrahlen.

Möglicherweise fehlte die auf Schönheit ausgerichtete Herzenswärme bei der Dekoration der Einrichtung.

Die Verniedlichung des Herzens

Eine Person hat ihr Gegenüber getadelt, wobei sie die Verkleinerung von Herz in Herzchen wählte.

Das macht deutlich, dass sie das Bemängelte nur schwach kritisiert. Gleichzeitig bietet sie an, eine Lösung zu suchen und zu finden.

Alternativ zum Herzchen lässt ein angehängtes ‚lein‘ das Herz ebenso verkleinern – in Herzlein, gegebenenfalls auch in Herzilein.

Die Aufforderung mit Herzilein eröffnet ebenso eine ‚warme‘ Gesprächsatmosphäre.

„Komm mal her, Herzi-
lein."

Die Person demonstriert in beiden Fällen eine verbale Dominanz. Sie ist stärker, älter, größer als das angesprochene Gegenüber. Die Person hilft und tröstet.

Zumindest wird erwartet, dass die dominante Person körperliche und geistige Kraft besitzt, dem Schwächeren helfen zu können.

Herzilein

Das Musikantenduo ‚Die Wildecker Herzbuben‘ (Wolfgang Schwalm, *1954 und Wilfried Gliem, *1946) sangen das Lied ‚Herzilein‘, aus dem der folgende Satz stammt:

- „Herzilein, du musst nicht traurig sein."

Sie trafen mit diesem Text das Herz Millionen begeisterter Zuhö-render und Fans. Offensichtlich kam der in Aussicht gestellte Trost sogar in der Theorie gut an.

Es ist ein beruhigendes Gefühl davon ausgehen zu können, im Fall des Falles Trost zu finden. Es gibt die gefühlte Sicherheit, nicht allein zu sein, sollte sich der Bedarf einstellen.

Herzig

‚Herzlich' ist nicht zu verwechseln mit ‚herzig'. Kleines, Putziges wird manchmal als herzig bezeichnet. Hin und wieder wird sogar aus dem herzig ein ‚goldig'.

So äußert sich eine ältere Dame ihrer Freundin gegenüber. Beide genießen bei einem Kännchen Kaffee und einem kaloriengesättigten Tortenstück (Nutri-Score E) den sonnigen Nachmittag auf der Terrasse des Caféhauses.

Zwei kleine Kinder tollen um ein paar Tische herum und rennen hintereinander her. Dieses, teils unbeholfen und tollpatschig Wirkende erregt den Gefallen der Dame. Das Kind bezeichnet sie deshalb als ‚herzig' beziehungsweise als ‚goldig'.

So nebenbei zeigt sich, dass ‚herzig' mit ‚goldig' gleichgesetzt werden kann und gleichzeitig einen hohen Wert ausdrückt (Gold ist kostbar).

Babyface

Die Verniedlichung des Herzens scheint dieses nicht nur kleiner, sondern gleichzeitig auch schwächer, zerbrechlicher und jünger zu machen.

Entsteht hier das Bild des ‚Babyfaces'? Der Begriff vertritt das kindliche, runde Gesicht mit Stupsnase. Dieses Bild löst bei vielen Erwachsenen eine Schutzbereitschaft aus.

Die betroffene Person wird gütig betrachtet und wohlwollend behandelt.

Das Kleine, das Unschuldige erweckt Aufmerksamkeit und löst Begeisterung aus. Gut für ein ‚Herzchen'.

Das Heroisieren des Herzens

„Du hast ein großes Herz."

Die Heroisierung (jemanden oder etwas zu Helden erheben) ist ein wenig übertrieben. Gemeint ist, das Herz künstlich groß oder größer als üblich zu betrachten. Es handelt sich um eine Vergrößerung des Herzens.

Eine Person kann zwar körperlich klein gewachsen sein (ein Herzchen oder ein Herzilein), aber trotzdem ein großes, vielleicht sogar ein etwas übergroßes Herz sein Eigen nennen.

Wer ein großes Herz hat, tritt hilfsbereit, großzügig und großmütig auf.

Beispielsweise spendet die Person eine große Summe für Benachteiligte, Kinder oder Tiere.

Ähnliches ist auch gemeint, wenn jemandem ein *weites Herz* unterstellt wird. Interessant. Weit im Sinn von räumlich umfassend, also von groß.

Der goldene Schrein

In beiden Fällen wird das Herz mit einem Gefäß (zum Beispiel einem goldenen Schrein) gleichgesetzt.

In dieses Gefäß passen mehrere gute Dinge/Eigenschaften wie Hilfsbereitschaft, Großmütigkeit und Vergleichbares.

Ein Gefäß voller guten Eigenschaften ist natürlich erwähnenswert. Ist dieses Gefäß sogar aus Gold hergestellt, muss nicht nur das Gefäß etwas Besonderes, etwas Wertvolles sein, sondern auch der Inhalt. Das macht neugierig.

Technisch gesehen gibt es die Bezeichnung ‚ein goldenes Herz haben'. Wird dies von einer Person behauptet, wird die Gutmütigkeit gemeint.

Das heißt nicht, dass die Person reich an Materiellem sein muss, sondern reich an Hilfsbereitschaft und Zugewandtheit zu anderen Personen.

Der Träger eines solchen Herzens muss ein Großherziger sein, der sich seinem Namen entsprechend großherzig zeigt. Auch hier greift die Neugierde, gegebenenfalls auch die Suche nach der Nähe zu dieser besonderen Person. Meist wird die großartige Person bewundert.

Der Engherzige

Dem Großherzigen entgegen steht der Engherzige. Er hat, wie es sein Name verrät, ein enges Herz. Dieses zeigt sich in Genauigkeit, in Pedanterie (kleinliche Denkart), in Missgunst und Kälte.

Der Engherzige ist ein Pendant. Er gibt nicht gerne. Er ist kleinlich. Auf manche wirkt er verhärmt, kränklich aussehend.

Um bei dem Bild des Gefäßes zu bleiben, scheint dieses klein zu sein. Sehr wahrscheinlich ist es schmucklos gestaltet.

Nun ist es nachvollziehbar, dass in einem kleinen Gefäß nur wenig untergebracht werden kann. Woher soll dann die Großherzigkeit kommen?

Gefühlskalt

Wer Pech hat, *hat ein kaltes Herz.* Dann mangelt es ihm an positiven Gefühlen. Die Wärme, also die Warmherzigkeit, fehlt ihm ganz besonders. Er ist gefühlskalt. Fakten zählen – nicht Emotionen! Herzliche Emotionen können nicht entstehen.

Andere sagen:

„Ihn umgibt eine unnahbarere Aura."

Diese unnahbare Aura unterstellt eine nicht sichtbare Distanzzone um die Person. Automatisch halten andere Personen diese Distanz ein oder weichen gar zurück, sollte sich die Person ihnen nähern.

Deshalb wird kaum jemand versuchen, einen warmherzigen Kontakt herzustellen. Die kühle Distanz verhindert die menschliche Nähe.

Dem Gefühlskalten wird es deshalb kaum gelingen, eine Gemeinschaft von Freunden zu bilden. Diese Gemeinschaft scheint ihm meist auch nicht zu fehlen.

Ein gutes Beispiel einer Figur mit kaltem Herzen ist Ebenezer Scrooge (engl. für ‚Geizhals') aus Charles John Huffam Dickens (1812 – 1870) ‚Eine Weihnachtsgeschichte' (1843).

Nach der Begegnung mit einigen Geistern wandelt sich das kalte Herz in ein großzügiges.

Mutterherz und Vaterherz

Die Mutter kümmert sich liebevoll um ihr Kind. Sie schaut, dass es ihm wohlergeht, dass es betreut wird, dass es genügend zu essen bekommt und so weiter. Das hilft ihm zu leben und zu überleben.

Es gibt auch das Gegenstück, das Vaterherz, denn auch ein Vater kann selbstverständlich vergleichbare Zuneigung zum Nachwuchs wie eine Mutter zum Kind haben.

Häufig ist allerdings die Verwendung Mutterherz zu hören.

Die Mutter, bedingt durch ihr Mutterherz, tut alles, um ihr Kind vor drohenden Gefahren zu schützen.

Löwenherz und Hasenherz

Gerät das Kind in Gefahr, entwickelt die Mutter ungeahnte Kräfte. Sie wird so stark wie ein Löwe – zumindest so mutig.

Zum Löwen passt sehr gut das Bild des Mutes, wirkt er doch selbstbewusst und stolz, zieht er erhobenen Hauptes durch sein Revier.

Der englische König Richard I. (1157 – 1199) muss sehr tapfer gewesen sein. Die Legende berichtet, dass er einem angreifenden Löwen das Herz rausgerissen haben soll. Sehr ‚beherzt' und mutig. Aufgrund dieses Mutes erhielt er den Beinamen Löwenherz, Richard Löwenherz.

Auch zum Löwenherz gibt es ein Pendant – nämlich das Hasenherz.

Die Charaktereigenschaft Mut wird wohl kaum dem hasenfüßigen Hasen zugeschrieben.

Wird eine Person als hasenherzig bezeichnet, soll es heißen, sie sei mutlos, ängstlich oder schüchtern.

Der liebevolle Hase kann nur sehnsüchtig auf den tapferen, mutigen, furchtlosen Löwen schauen und dessen Löwenherz bewundern.

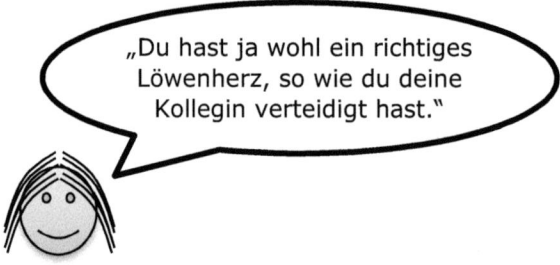

„Du hast ja wohl ein richtiges Löwenherz, so wie du deine Kollegin verteidigt hast."

So äußert sich bewundernd eine Kollegin. Ein anderer hingegen klagt über seinen Vorgesetzten:

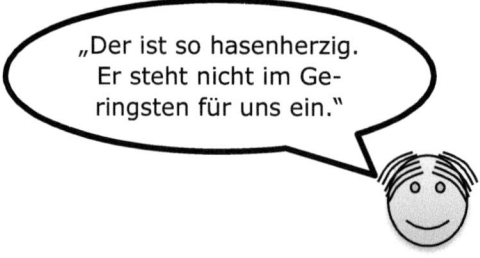

„Der ist so hasenherzig. Er steht nicht im Geringsten für uns ein."

Hier wird die hasenfüßige Ängstlichkeit sogar mit Feigheit gleichgesetzt. Das ist wohl kaum als Kompliment zu betrachten.

Der bedauernswerte, friedfertige Hase …

Empathisches Herz

„Mancher findet sein Herz nicht eher,
als bis er – seinen Kopf verliert."
Friedrich Wilhelm Nietzsche, dt. Philosoph
(1844 - 1900)

Entschlossenheit und Mut

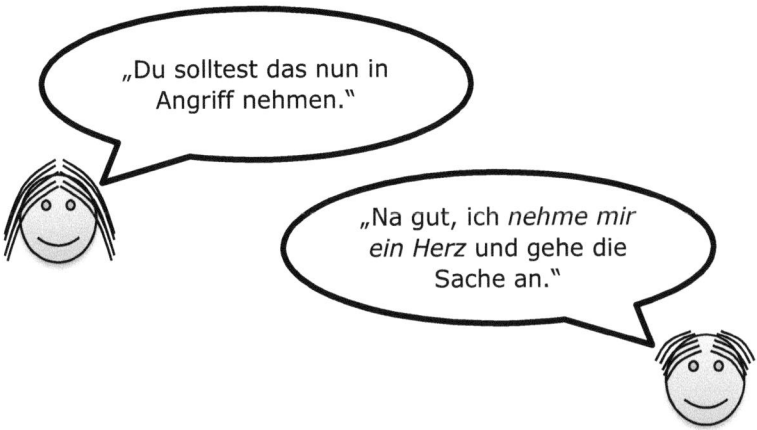

„Du solltest das nun in Angriff nehmen."

„Na gut, ich *nehme mir ein Herz* und gehe die Sache an."

Interessant, dass der Gesprächspartner sich ein *Herz nehmen* – oder *fassen* – will. Er drückt nicht eindeutig damit aus, dass er sein Herz nehmen wird, sondern eines. Wessen Herz er meint, bleibt ungesagt.

So, als könne jemand aus einem Regal dort eines von mehreren Herzen nehmen.

Trotz der unklaren Aussage ist gemeint, sich selbst Mut zu fassen/nehmen, um eine möglicherweise riskante Aktion zu starten. Ja, es bedarf etwas Entschlossenheit und Mut.

Eine Person muss sich überwinden, etwas zu tun.

Manchmal wird etwas nach der Überwindung des Hindernisses (endlich) deutlich geklärt. In der früheren Sprache findet sich das Wort ‚überwinnen', indem die Person das Hindernis besiegt. Daraus entwickelte sich das Wort ‚überwinden'.

Das Herz in die Hand nehmen

Es ergibt sich ein lustiges Bild, hielte jemand sein Herz in der Hand. Tatsächlich wird bei dieser Redewendung angenommen, dass der Mut einer Person in seinem Herzen steckt.

Es sieht so aus, als befände sich der nötige Mut und die Tatkraft im Herz. Das Herz beinhaltet die Kraft, etwas entschlossen zu unterstützen.

Solange der Mut gesichert im Menschen schlummert, kann er seine Energie ‚draußen' nicht zeigen. Der Mut muss erst animiert werden, seine Wirkung zu entfalten. Also wird das Herz zusammen mit seinem Mut in die Hand genommen.

Nimmt jemand sein *Herz in die Hand/Hände*, kann und muss sich der Mut nicht mehr verstecken. Die Person hat genügend Mut greifbar, um eine Sache anzugehen.

Die Hand an das Herz legen

Napoleon Bonaparte, Kaiser Napoleon I. (1769 – 1821) wird mutiges Handeln nachgesagt. Über sechzig Schlachten soll er angeführt haben, wobei er die wenigsten verlor.

Nach seiner erstens Verbannung kehrte er nach Frankreich zurück, wo er überraschenderweise in nur 100 Tagen von der Mittelmeerküste bei Antibes auf dem Landweg Paris erreichte.

Am 7. März 1815 stellte sich in Laffrey nahe Grenoble das 5. Linienregiment des königlichen Bataillons von Ludwig XVIII. (1755 – 1824) Napoleons zahlenmäßig unterlegenen Truppe entgegen, um ihr den Weg nach Paris zu versperren.

Napoleon hat sich mutig zwischen die Fronten begeben. Er ging alleine dem Regiment entgegen. Voller Überzeugung soll er sinngemäß ausgerufen haben:

- „Soldaten, wenn es einen unter euch gibt, der seinen Kaiser töten möchte – hier bin ich!"

Dabei warf er sich laut Legende in die Brust und streckte mutig sein Herz dem feindlichen Bataillon entgegen. Dieser unglaubliche Mut wurde von der feindlichen Truppe belohnt, die in tausendfach Stimme rief:

- „Lang lebe der Kaiser!"

Durch diese Ansprache gewann er kampflos die drohende Schlacht. Kein Herz musste aufhören zu schlagen – kein Mensch musste sterben. Im Gegenteil, die ehemals feindlich Gestimmten schlossen sich Napoleon an. Gemeinsam ging es noch weiter nach Paris.

Seinem Herzen Vertrauen schenken

Viel wurde nun über Vertrauen geschrieben, das sogar anregt, das eigene Herz zu teilen.

Eine Person sollte nicht nur anderen, sondern vor allem sich selbst vertrauen können.

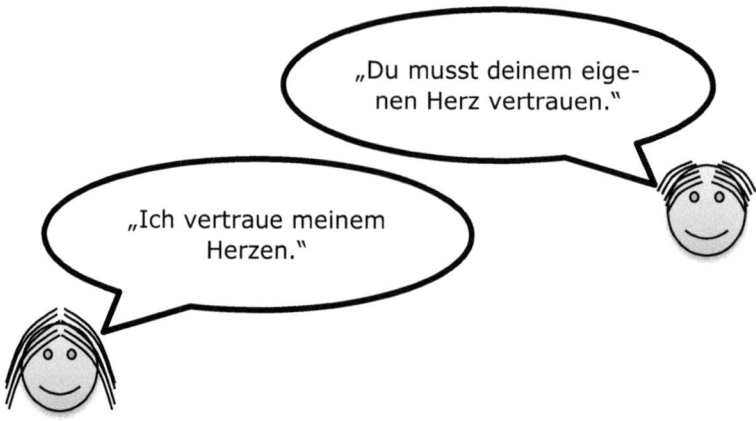

„Du musst deinem eigenen Herz vertrauen."

„Ich vertraue meinem Herzen."

Pia redet seit gefühlten Stunden auf ihre Freundin ein.

„Du weißt doch, was du willst", fährt sie fort. „Und du spürst, dass dein Vorgesetzter dich an dieser Position einsetzten will."

„Ich bin mir unsicher, ob ich die Anforderungen erfüllen kann", gibt die Freundin zu bedenken.

„Quatsch!" Pia verdreht die Augen. „Du kannst alle Aufgaben erfüllen. Und wenn nicht, dann fragst du eben."

„Ach, ich weiß nicht", jammert die Freundin.

„Nein, nicht dieses Gejammer wieder. Hatten wir alles schon mal durchgekaut. Dein Herz hat dich noch nie im Stich gelassen. Vertraue ihm endlich!"

Mit diesen Worten schließt sie das mühsame Gespräch ab.

Hoffentlich hat die Freundin schließlich nachgegeben und ist im Vertrauen auf ihr Herz zu ihrem Vorgesetzten gegangen, um die neue Position anzunehmen. Dann hat sie *auf ihr Herz gehört.*

Wer *seinem Herzen vertraut,* geht davon aus, dass das Vertrauen nicht missbraucht wird.

Gerade vor anstehenden Entscheidungen hilft der Verstand nicht immer weiter. Obwohl er Vor- und Nachteile gegenüberstellen wird, ergibt sich hin und wieder eine ungefähre Ausgeglichenheit. Eine Entscheidung scheint dann nicht möglich.

Manche lassen nun ihren Bauch entscheiden („Mein Bauchgefühl sagt ..."). Andere entscheiden sich für eine Alternative und bestätigen das Vertrauen in ihr Herz.

Fairerweise soll ergänzt werden, dass das ins Herz gesetzte Vertrauen ‚schiefgehen kann‘. Das kann unangenehm sein, gehört aber zum wechselhaften Leben dazu.

Wenn es mal so kommen sollte, nicht runterziehen lassen! Positiv denken und eine neue ‚herzergreifende‘ Sache dem Herzen anvertrauen.

Das Herz ausschütten – Sich offenbaren

Im Laufe der Zeit hat sich bei einer Person eine Menge an Sorgen angesammelt. Diese befinden sich im Herz.

Es bedarf einer vertrauenswürdigen Person, mit der über eigene Probleme offen gesprochen werden kann.

Was bewegt oder bedrückt die Person? Was macht sie traurig oder beschwert ihr Gewissen? Welcher Kummer quält sie? Das Herz mit allen angesammelten Sorgen muss ausgeschüttet werden.

Um etwas ausschütten zu können, muss es sich in einem Behältnis, einem Gefäß befinden. Bei dieser Redensart scheint das Herz ein Gefäß zu sein, das droht, bald überzulaufen.

So scheint es notwendig, zeitnah ausgeschüttet zu werden. Außerdem wird das Herz immer schwerer. Es muss von der Last befreit werden.

Erleichtert jemand sein Herz, teilt er den dort gesammelten Inhalt mit einem anderen Menschen. *Sein Herz wird* anschließend *leichter*. Es geht ihm besser, er ist erleichtert.

Das Herz öffnen

Ähnliches scheint zu geschehen, wenn jemand *sein Herz öffnet*. Er erlaubt einem anderen Menschen Einblick in die eigene (sorgenvolle) Gedankenwelt zu nehmen.

Es erleichtert die Person, ihre Sorgen teilen zu können. Und es erlaubt dem Gegenüber, einen umfangreichen Einblick in das Leben der Person zu erhalten.

Ausgeprägtes Vertrauen scheint vorzuliegen, sonst würde die Person diese Nähe nicht zulassen.

Im anderen Fall würde die Person ihr *Herz verschließen*. Sie würde sich abwenden. Weiter würde sie dafür Sorge tragen, dass niemand in ihr Herz blicken könnte. Sie bliebe mit ihren Sorgen allein.

„Mein Herz bleibt verschlossen!"

Wer sich verschließt und alles ‚in sich rein frisst', baut eine Distanz zu anderen Menschen auf. Solange diese gewollt ist, ist das Vorgehen nachvollziehbar.

Aber: Sollte zu vielen/allen anderen Menschen im sozialen Umfeld eine breite Distanz erzeugt werden, verliert sie die ‚soziale Nähe'.

Auch der mögliche Austausch wird dürftiger. Die Person riskiert zu vereinsamen.

Sein Herz schenken

Viel besser scheint es, wenn eine Person aufgrund ihrer charmanten Art das Herz eines anderen Menschen erreicht. Offensichtlich kann sie bei ihm (angenehme) Gefühle erzeugen.

Sollte sich zwischen den beiden eine ‚prickelnde' Atmosphäre entwickeln, wird die Person dem anderen nach angemessener Zeit ihr *Herz schenken*.

Was gibt es Großartigeres oder Wertvolleres, als das eigene Herz mit seinem Inhalt, seiner Liebe und letztendlich auch mit seinem Träger zu verschenken?

Das Wertvollste, was ein Mensch besitzt – das Herz –, wird verschenkt.

Der Beschenkte kann stolz darauf sein, solch ein wertvolles Geschenk zu erhalten. Hoffentlich missbraucht er nicht das entgegengebrachte Vertrauen.

„Mein Herz gehört dir."

„Vielen Dank für das entgegengebrachte Vertrauen."

Genau betrachtet besitzt die schenkende Person nun kein eigenes Herz mehr; ihres hat sie schließlich verschenkt.

Aber – sollte das gegenseitige Vertrauen gestärkt in die beidseitige Zuneigung steigen, kann der Beschenkte nun auch aktiv werden.

Er besitzt ja noch sein eigenes Herz. Er hat neben dem geschenkten also zwei Herzen. Das ist eines zu viel.

Was läge näher, nun auch das eigene Herz zu verschenken? Und zwar der Person, von der er das andere Herz bekam.

Nun haben beide wieder ein Herz; nur jeweils das von der anderen Person. Wie schön. Die beiden Herzen leben nun im Körper der geliebten Person. Eine engere Beziehung kann es kaum geben.

Nach diesen Überlegungen könnten sich immer nur zwei Menschen einander tiefgründig lieben.

Geviertelt zu Dritt

Käme eine dritte Person ins Spiel – und zwar tief, was die Gefühle betrifft – müsste es zum Bruch der ursprünglich beiden Liebenden kommen.

Etwas anders sähe es aus, würde das eigene Herz nicht (komplett) verschenkt, sondern geteilt. So etwa halbe-halbe. Die beiden Zusammengehörenden hätten dann jeweils (etwa) die Hälfte des eigenen Herzens und die Hälfte des anderen.

Auch gut. Weiter oben wurde das komplette Herz ausgetauscht, nun die Hälfte.

Für eine dritte Person, die sich in die Zweier-Gemeinschaft einbringt, könnte noch etwas Herz zur Verfügung gestellt werden. Noch ist hier die Hälfte des eigenen Herzens da. Vielleicht davon die Hälfte? Also ein Viertel vom ursprünglichen Herzen?

Die dritte Person könnte ein Viertel von der einen Person erhalten und ein Viertel des eigenen Herzens austauschen. Es bliebe noch ein Viertel für den zweiten Menschen, sofern dieser bereit ist, bei diesem ‚Spielchen' mitzumachen. Dann entstünde ein (hoffentlich) harmonisches Dreierbündnis.

Alles verschenkt

Manchmal ist zu vernehmen, dass eine Person ihr Gegenüber mit „Mein Herz" anspricht. Es hört sich so an, als hätte sie dieser Person ihr Herz verschenkt. Da nun das Gegenüber ihr Herz in der Brust trägt, kann sie es nur ‚von außen' ansprechen.

- ♥ „Wie geht es dir, mein Herz?"
- ♥ „Schön, dass du hier bist, mein Herz."
- ♥ „Was würde ich nur ohne dich machen, mein Herz?"

Sehr wahrscheinlich erhält sie keine Antwort vom angesprochenen Herzen. Ebenso wahrscheinlich spricht sie ihr menschliches Gegenüber als ‚Herz' an. Sozusagen in Vertretung ihres verschenkten Organs.

Wie dem auch sei, bei Formulierungen dieser Art ist eine Zuneigung zu spüren.

„Danke, mein Herz."

Sein Herz brechen

Bricht ein Mensch das Herz einer anderen Person, zerstört er das Bild, welches sie von ihm hatte. Unter Umständen verlässt sie den Menschen, obwohl sie starke Gefühle für ihn hegte. Damit macht er sie sehr unglücklich.

Bestimmt muss die Person nun viel weinen und den entstandenen Kummer erst einmal verarbeiten. Vielleicht entsteht sogar intensiver Liebeskummer oder Herzenskummer.

Das Herz ist geteilt

Bildlich betrachtet ist das Herz nun mindestens in zwei Teile gebrochen. Alle bis dorthin gesammelten Gefühle für das Gegenüber fallen aus dem zerbrochenen Herzen heraus.

Ist ein Herz gebrochen, lässt es sich nur selten wieder zusammenbringen. Selbst dann, könnte es lückenlos wieder zusammengefügt werden, bliebe eine sichtbare Narbe.

Es sollte deshalb gut überlegt werden, den Bruch eines Herzens in Kauf zu nehmen.

Das gleichzeitig gebrochene Vertrauensverhältnis lässt sich auch nur schwer wieder ‚kitten'.

Herzstück

Das Herz, egal ob als Behältnis oder als Organ vorgestellt, hat einen inneren Bereich. Dieses ist das Herzstück des Herzens. Es ist ein Stück vom Herz und zwar das sich an tiefster, innerster Stelle befindliche.

Dort ist es am besten vor äußerlichen Ungewissheiten geschützt.

Das, was im Herzstück gesammelt wird, ist wertvoll. Das, was ganz innen im Herzen aufbewahrt ist, ist am wertvollsten.

„Das ist das Herzstück der Anlage."

So informiert der Pressesprecher die interessierten Gäste, die er durch die Produktions-Anlage führt.

Der Pressesprecher will damit die Wichtigkeit des gezeigten Teils (Maschine, Anlage, Ausstattung) unterstreichen.

Würde das Herzstück fehlen, bräche der Ablauf (zum Beispiel die Produktion) zusammen. Jedes Teil einer Maschine oder einer Produktionsstätte ist austauschbar. Fällt das Herzstück aus, bricht der komplette Ablauf zusammen.

Das Herzstück sorgt für den Bestand/die Funktion der Maschine – wie auch des Lebens.

Tief im Herz verborgen

Um an das in der Mitte Befindliche zu gelangen, müssen die äußeren Bereiche durchdrungen werden. Ans Innere ist nur mühevoll heranzukommen. So soll es auch sein.

Denn: Was tief im Herzen verborgen liegt, soll in der Regel dort bleiben.

Besteht ganz großes Vertrauen, wird eine Information aus der Tiefe des Herzens geholt und offenbart:

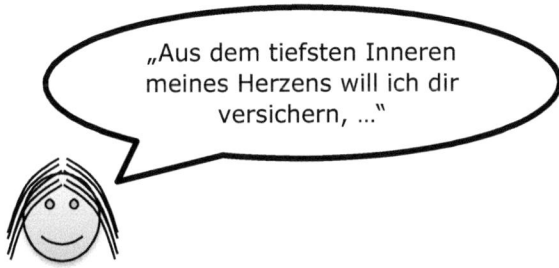

„Aus dem tiefsten Inneren meines Herzens will ich dir versichern, ..."

Wird das im Herzen Gesammelte von außen angegriffen, erzeugt der Vorgang Wunden.

„Deine Beleidigung hat mich tief im Herzen getroffen."

Es handelt sich offenbar nicht um eine Belanglosigkeit, die weggewischt werden könnte. Die Person ist *tief im Herzen getroffen*. Es wird lange dauern, bis die Wunden verheilt sind.

Schlüssel zum Herz – Etwas mit Herz schenken

Manch eine/r verschenkt ihr/sein Herz. Manch einer möchte nur den Inhalt des Herzens teilen. Das Herz selbst will sie/er darüber behalten.

So wird eine Alternative gefunden: Eine Person vertraut einer anderen den Schlüssel zum eigenen Herzen an. Das ist eine sehr vertrauensbestimmte Handlung.

Mit diesem Schlüssel kann der Begünstigte nun den kompletten Inhalt des Herzens des Schenkenden einsehen.

Die innersten Gefühle sind offenliegend. Ebenso werden Ängste und Befürchtungen offenbart, Pläne und Geheimnisse sind ohne Einschränkungen einsehbar.

Der Beschenkte könnte das neue Wissen missbräuchlich verwenden. Das offenbart, welch großes Vertrauen der Schenkende in die andere Person haben muss.

Würde das überbrachte Vertrauen missbraucht, würde die ‚beraubte‘ Person höchstwahrscheinlich das Schloss zu ihrem Herzen sofort austauschen und fest verschließen.

Entwendetes ließ sich zwar nicht mehr zurückholen, aber anderes wäre vor erneuten Zugriffen geschützt.

Die betroffene Person hat ihr *Herz verschlossen*. Vorerst ist nichts mehr ‚aus ihr raus‘ zu bekommen.

Jemanden herzen

Das Nomen Herz wurde bereits zum Adjektiv ‚herzhaft' geformt. Nun gibt es sogar die Verwandlung zu einem Verb: „Jemand wird geherzt."

Eine Person hat das tiefe Bedürfnis, einen Freund fest in die Arme zu nehmen und zu drücken. Vielleicht wird er dabei noch auf dem Rücken ‚getätschelt' oder gestreichelt. Er wird liebevoll ans Herz gedrückt.

Jemanden herzen offenbart eine starke Zuneigung zur geherzten Person. Die beiden demonstrieren eine tiefe emotionale Verbundenheit zueinander.

Im Herzen tragen

Die beste Freundin von Gaby ist nach kurzer Krankheit verstorben. Der Schock sitzt tief. Am Grab flüstert Gaby:

„Ich werde dich immer *im Herzen tragen*."

Das bedeutet, dass die Erinnerung an die Verstorbene den besten Platz im Körper gedanklich im Herzen erhält und dort aufbewahrt wird.

Die Gedanken an die verstorbene Person finden nun Geborgenheit im Inneren, in der Tiefe des Herzens.

Dort ist die Erinnerung gut und sicher aufgehoben. Sie ist vor ungewünschtem Zugriff sicher. Sie wird auf Ewigkeit (solange der Träger lebt) dort aufbewahrt.

Etwas beherzigen

Nach dem Besuch bei Oma nimmt sich die Mutter ihr Kind ‚zur Brust'.

„Hör mal, mein lieber Sohn", so beginnt die Mutter die Kritik. „Oma tut so viel für uns und freut sich immer auf unseren Besuch." Und weiter: „Zeige ihr, dass du dich freust."

„Beim nächsten Besuch möchte ich, dass du Oma bei der Begrüßung in die Augen schaust."

Der Sohn akzeptiert die Kritik und will beim nächsten Treffen den Blickkontakt aufnehmen.

Er hat den Wunsch der Mutter beherzigt, also in sein Herz (zur Beachtung und Ausführung) aufgenommen.

Der Sohn merkt, dass der Wunsch der Mutter ernsthaft gemeint ist. Dadurch, dass er diesen (und die Befolgung) ernst nimmt, legt er ihn in seinem Herzen ab. Dort, wo es sicher ist. Nicht etwa im Verstand/Gedächtnis, wo er gegebenenfalls verloren gehen könnte.

Emotionales Herz

„Es muss Herzen geben, welche die Tiefe unseres Wesens kennen,
und auf uns schwören, selbst wenn die ganze Welt uns verlässt."
Karl Ferdinand Gutzkow, dt. Schriftsteller
(1811 - 1878)

Das Herz am richtigen Fleck haben

Karl Ferdinand Gutzkow äußert die oben zitierte Vermutung. Es ist gut zu hören, dass das Herz seinen Träger gut kennt, die Wesenszüge einordnen und nötige Reaktionen in bestimmten Situationen abschätzen kann.

Das eigene Herz äußert keine Vorwürfe, gibt keine Kritik oder nörgelt gar an seinem Träger herum. Nein.

Es schwört auf seinen Menschen, so die Annahme des Zitierten. Dieser Schwur bedeutet, dass das Herz in jeglicher Situation, egal welcher Gefahrensituation, sogar dann, „ginge die Welt unter", felsenfest zur eigenen Person hält. Welch wunderbare Vorstellung!

Was liegt näher, als von einem emotionalen Herzen zu sprechen? Zumindest dann, wenn angenommen wird, dass dort die Gefühle zu Hause sind. Wie schön, wenn das eigene Herz solch ein Vertrauen ausdrückt.

Wie schön ist es, von einer Person behaupten zu können, sie habe das *Herz am richtigen Fleck*. Es erscheint so, dass es um eine aufrichtige Person geht. Das Herz sitzt an der richtigen Stelle, weshalb manche auch sagen, das *Herz sei am rechten Fleck*.

Das Herz sitzt weder an einer falschen Stelle im Körper, noch ist die Person eine ‚falsche' (im Sinne von hinterlistige) Person.

Nein, die Person ist vertrauenswürdig und in gewissem Maße sogar selbstlos. Gegebenenfalls hat die Person auch ein *Herz für Kinder* (oder eine andere Zielgruppe).

Ein Herz für Kinder

Die Person engagiert sich für diese Gruppe von Menschen (oder Tiere, oder Natur, oder Ähnliches). Die Person wird in diese Richtung aktiv und packt an. Die Person hilft, greift unterstützend zu oder sie gibt gerne. Sie sagt dann gegebenenfalls: *„Es kommt von Herzen."* Sie will damit ausdrücken, dass die Unterstützung nicht auf den eigenen Vorteil aus ist, sondern gefühlgesteuert umgesetzt wird.

„Gern geschehen. Das *kommt von Herzen."*

Seit 1978 arbeitet eine Hilfsorganisation für Kinder und Familien in Not. Dieser gemeinnützige Verein trägt im Logo den Spruch: „Ein Herz für Kinder." Auf einer jährlichen Spendengala werden Gelder für die Aufgaben gesammelt.

Zu Herzen nehmen

Geschieht etwas Unschönes, spürt die Person Ungerechtigkeit. Hat sie selbst ein Missgeschick begangen, *nimmt sie sich das zu Herzen.*

Sie macht sich Sorgen, etwas Unschönes erlebt zu haben. Oder sie fürchtet, dass etwas Unschönes geschehen könnte.

Wer sich allerdings zu viel zu Herzen nimmt, gerät unter Umständen unter ungewollten Druck oder Stress.

Deshalb sollte sich eine Person etwas nicht zu sehr zu Herzen nehmen, schon gar nicht zu häufig. Das schadet auf Dauer ihrem Wohlbefinden.

Die Person könnte es auch nicht *übers Herz bringen*, jemandem zu schaden oder eine hilflose Person ihrem Schicksal zu überlassen.

Die Person ist von innen motiviert zu handeln und wird es auch tun. Ihr Herz ist gefüllt mit wohlwollenden Gefühlen.

Da sie sowieso eine sehr gefühlsmäßig orientierte Person ist, wird ihr *Herz schnell gerührt*, sieht sie in die strahlenden oder ungläubig schauenden Augen des geholfenen Menschen. Sie fühlt sich emotional stark angesprochen.

„Der Blick in die strahlenden Augen ist mir Lohn genug.“

So äußert sich die gerührte Person. Sie unterstreicht mit der Aussage das sogenannte altruistische (uneigennützige) Vorgehen.

Vielleicht wundert sie sich, dass andere Menschen nicht oder weniger helfen. Umso wichtiger ist es für sie, etwas zu tun – und zwar ohne Aufforderung.

Es zeigt sich, wie wertvoll das unerschütterliche Verhältnis des Herzens zu seinem Träger ist. Das gibt diesem viel Kraft, Gutes nach außen zu tragen. Das Herz sitzt am rechten Fleck.

Böses tun oder verheimlichen

Jemandem zu schaden, sei es physisch oder psychisch, widerspricht nicht nur guten Umgangsformen, sondern oft auch den gesetzlichen Vorschriften.

Ist einer Person das widerrechtliche Vorgehen einer anderen Person bekannt, tut sie sich schwer damit, solch ein Verhalten zu tolerieren.

Sie will mit derartigem Wissen nichts zu tun haben, oder ihr Herz damit belasten.

Schon gar nicht will sie dieses Wissen in sich vergraben, da sie es sowieso nicht vergessen könnte.

Mördergrube

Das schlimmste Vorstellbare für die Person wäre ein Mord, den es zu vertuschen gäbe. Für die Person undenkbar. Sie stellt klar:

„Ich mache aus meinem Herzen keine Mördergrube."

Eine Mördergrube ist eine Grube oder ein Versteck, in dem sich der Übeltäter – hier der Mörder und seine Tat – verstecken könnte.

Würde sie nun solch ein Wissen in ihrem Herzen verbergen, würde ihr Herz zu solch einer Mördergrube. Für sie unvorstellbar.

Das Herz auf der Zunge tragen

Noch schwieriger, etwas ungesagt zu lassen, trifft auf eine Person zu, die ihr *Herz auf den Lippen* oder *auf der Zunge trägt*.

Sie kann nichts verheimlichen und schnell rutscht ihr etwas über die Lippen.

Sie redet offen und viel, weshalb sie Geheimnisse nicht gut behalten kann. Jedenfalls sagt sie in der Regel die Wahrheit und geht offen mit anderen um.

Freunde und Bekannte sollten vorsichtig sein, in ihrer Gegenwart über Vertrauliches zu sprechen. Die Wahrscheinlichkeit ist hoch, dass ihr diese Informationen an unpassender Stelle rausrutschen.

Es kann ihr nur hin und wieder *ans Herz gelegt* werden, den Mund verschlossen zu halten.

Wird jemandem ans Herz gelegt, etwas zu tun – oder nicht zu tun –, handelt es sich in der Regel um einen dringlichen Vorschlag.

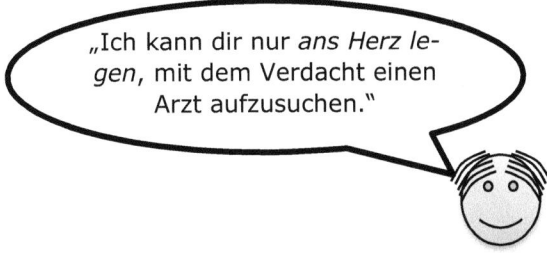

„Ich kann dir nur *ans Herz legen*, mit dem Verdacht einen Arzt aufzusuchen."

Der wohlwollende Ratschlag wird nicht nur ‚einfach so' dahingesagt, sondern nahe am Herzen platziert.

Etwas auf dem Herzen haben

Eine Person hat einen Wunsch. Oder sie will etwas ‚loswerden'. Sie spürt einen gewissen Druck von innen, sich mit einem anderen Menschen auszutauschen. Es betrübt sie etwas. Vorsichtig nähert sie sich thematisch ihrem Wunsch und äußert:

„Ich muss mit dir sprechen. Ich *habe etwas auf dem Herzen*."

Meist wird sie aufgefordert, ihr Anliegen zu äußern. Eventuell druckst sie noch ein wenig herum, bis sie sich schließlich offenbart. Danach fühlt sie sich entlastet, endlich gesprochen zu haben.

Es kann sein, dass sie anschließend kundtut, dass ihr *Ballast vom Herzen genommen/gefallen* ist.

„Mir *fällt ein Stein vom Herzen*, nachdem ich mit dir sprechen konnte."

Oder extrem: „Mir ist ein *Felsen vom Herz gefallen*." „Mir ist eine Zentnerlast zum Herzen gerutscht." Ein Felsen! Das sagt aus, wie stark der vorhergegangene Druck gewesen sein muss.

Drückt ein Felsen oder auch ‚nur‘ ein schwerer Stein auf das Herz, ist dieses stark belastet. Die Last drückt und beengt den Raum, den das Herz benötigt. Das sorgt für ein unschönes, beklemmendes Gefühl.

Auch dann, wenn sich herausstellt, dass sich eine Befürchtung nicht bestätigt, bleibt das (er-)drückende Gefühl. Die Person kann weder frei oder befreit aufatmen.

Einen Stich im Herzen spüren

Vergleichbar unschön mag es sein, wenn eine Person *einen Stich ins Herz* spürt. Sie wird beleidigt, gekränkt, verletzt. Das muss nicht körperlich geschehen, sondern eher psychisch/seelisch passieren.

Die Person fühlt sich seelisch verletzt. Obwohl ein Stich – auch ein seelischer – wehtut, wird manchmal von einem schmerzhaften Stich gesprochen. Das drückt die seelische Verletzung noch deutlicher aus.

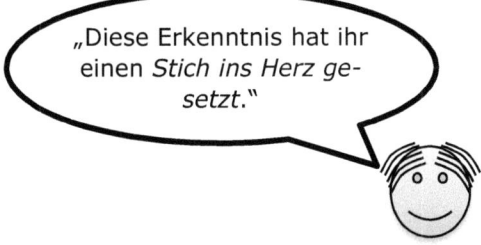

„Diese Erkenntnis hat ihr einen *Stich ins Herz gesetzt.*“

Emilie wurde beleidigt. Das hat ihr einen wahren Stich im Herz versetzt. Diese Beleidigung liegt ihr schwer *auf dem Herzen*. Soll sie über die Beleidigung hinwegsehen und -gehen? Einfach die sehr unangenehme Situation weglächeln?

Nein. Sie muss ihrem *Herzen Luft machen*. Sonst drückt die Beleidigung zu stark auf ihr Herz und beeinträchtigt sie in Folge.

Sie muss Platz machen, die Beleidigung wegschieben und somit ihrem Herzen ermöglichen aufzuatmen, Luft zu holen und befreit weiterzuarbeiten.

Das Herz schnürt/krampft sich zusammen

Dominique schaut sich mit ihrer Freundin einen Bericht über die Gräueltaten der Machthaber an. In dem Bericht kommen Menschen zu Wort, die gefoltert wurden. Einige sind körperlich, andere seelisch geschädigt.

Dominique kann kaum ihre Tränen zurückhalten. „Wie können Menschen so etwas tun?" Diese rhetorische Frage erwartet keine Antwort, da es keine vernünftige Antwort dazu gibt.

Dominique fügt hinzu: „Wenn ich das sehe, *schnürt sich mein Herz zusammen.*"

Das Herz blutet

Noch schlimmer werden ihre Empfindungen, erkennt sie im Bericht die zerstörten Gebäude und die nicht mehr vorhandenen Infrastrukturen.

Selbst für ihr Herz ist der Anblick so extrem, dass es seine Erschütterung zeigt, in dem es blutet.

„Mir *blutet das Herz.*"

Oh Schreck

Es kommt zu einem erschreckenden Moment. Es dauert einen Augenblick, bis die Person erkennt, was geschehen ist. Dieser zeitliche Moment genügt aber, dass das Herz vom angestammten Platz – vor Schreck – wegrutscht. Es fällt/rutscht nach unten.

Manchmal fällt es regelrecht nach unten, manchmal sinkt es dorthin.

Das *Sinken des Herzens* symbolisiert das Verschwinden von Mut. Jemand ist so erschrocken, dass ihn aller Mut verlässt.

Verlässt der Mut den Körper vor Schreck, kann es sein, dass sich der Darm oder die Blase unkontrolliert entleert.

„Das ist in die Hose ge-
gangen."

Es ist Ungewünschtes in die Hose gerutscht, was natürlich nicht gewollt ist.

In solch einem Extremfall muss der empfundene Schreck ordentlich groß gewesen sein.

Solange das *Herz ‚nur' in die Hose rutscht*, kann es nach der schreckauslösenden Sache wieder auf seinen angestammten Platz zurückkehren und dort erneut seine vorgesehene Arbeit aufnehmen.

Im Herzen wehtun

Der Lehrer gibt seinem Schüler einen Hinweis.

„Wenn du Herzschmerz
mit ‚tz' schreibst, *tut mir
das im Herzen weh*."

Einen Herzschlag lang

Der österreichische Dichter Franz Grillparzer (1791 – 1872) meinte: „Die Uhr, sie zeigt die Stunde, die Sonne teilt den Tag; doch was kein Aug' erschaute, misst unsres Herzens Schlag."

Die Sprecherin drückt eine kleine Erschrockenheit aus. Das Erschrecken hält allerdings nicht lange an. Nur für die Dauer, die es benötigt, das Herz einmal schlagen zu lassen.

„Fast wäre mir das *Herz stehengeblieben*, solch einen Schreck hatte ich bekommen."

Jeder Schlag des Herzens zeigt einen Schritt weiter, aber gleichzeitig einen Augenblick des vergangenen Moments.

Selbstverständlich braucht es den Herzschlag, besser, als dass das Herz stehen bliebe. Manchmal schlägt es sogar höher.

Begeistert strahlt der junge Mann sein Gegenüber an. Es freut ihn, wenn sein Herz schneller schlägt oder – aus positivem Stress heraus – höherschlägt. Es löst ein angenehmes Gefühlsempfinden bei ihm aus.

Das Herz bewegt sich – Das Herz wird bewegt

Jemand kann aktiv sein und einer Person *das Herz bewegen*.

Ein anderer ist passiv und verhält sich so, dass sich das Herz einer Person von selbst bewegt.

Emma berichtet ihrer Freundin von den Folgen der kriegsbedingten Ereignisse in einem europäischen Nachbarland. Sie schildert bildreich, unter welchen katastrophalen Verhältnissen die Menschen leben müssen und welchen Gefahren sie ausgesetzt sind.

„Es ist menschenunwürdig, was dort geschieht."

Emma spricht die Gefühle ihrer Freundin an, sodass sich *ihr Herz bewegt*, etwas zu tun.

Die Freundin ist bereit, eine Unterstützung beizutragen, Hilfe zu leisten. Sie lässt *ihr Herz sprechen*.

„Wie kann ich unterstützen?"

Herzerweichend und herzbewegend

Nach dem Erhalt der Todesnachricht seiner Frau heulte der Ehemann *herzerweichend*. Für die Außenstehenden war diese Reaktion des Mannes *herzbewegend*.

Sie war so intensiv, dass einige verstohlen eine Träne aus den Augenwinkeln wischten.

Die ausgelösten Gefühle waren so heftig, dass sich das Herz mitfühlend ‚erweichte' und emotional ‚bewegte'. Vielleicht drückt es dadurch das Gefühl aus, beim Weinenden zu sein. Das Herz tröstet.

Das Pärchen wollte im Kino den emotionsgeladenen Film sehen. Wie erwartet/befürchtet, gab es solch traurige Szenen, dass beide *herzbewegend* schluchzten und Geborgenheit sowie Trost suchend aneinander festklammerten. Sie trösteten sich gegenseitig.

Die beiden Wörter *herzerweichend* und *herzbewegend* vermitteln ein Herz, das auf Gefühle reagiert.

Es ist nicht kühl und überlegend, sondern lässt sich von außen beeinflussen. Diese Emotion-Empfindung macht das Herz noch menschlicher, was sich auf seinen Träger überträgt.

Mit viel Herz dabei sein

Mana ist begeistert, das Sommerfest im Kindergarten gemeinsam mit einer Gruppe von Eltern sowie der Kindergartenleitung mitzuplanen und vorzubereiten. Sie ist stark involviert und bringt viele Ideen ein. Die Leitung des Kindergartens äußert Dritten gegenüber bewundernd:

„Mana ist mit *viel Herz dabei.*"

Damit betont sie Manas Engagement und Initiative. Da in der Aussage von Manas Herz gesprochen wird, wird eine liebevolle Vorgehensweise betont.

Mana musste ihrem *Herzen keinen Stoß geben*, um sich einzubringen. Sie war sofort begeistert, als sie vom geplanten Sommerfest hörte.

Mana beobachtet andere Elternteile, die zwar als Gast am Sommerfest teilnehmen, die gegebenenfalls auch Speisen oder Getränke beisteuern, aber die sich an den Vorbereitungsarbeiten nicht beteiligen.

Eine von Manas Freundinnen, Anja, auch Mutter eines Kindergartenkindes, musste ihrem *Herz einen Ruck geben*, ein paar Stunden in die Vorbereitung zu investieren.

Dabei hat sie genügend Zeit und ist auch grundsätzlich bereit, Unterstützung zu leisten. Sie muss dabei eine unsichtbare Hürde überwinden.

Mana hilft Anja dabei:

Der hilfreiche Schubs genügte. Anja ist jetzt voller Motivation und umtriebiger Aktion dabei. Nun freuen sich beide über die Zusammenarbeit, die ihnen richtig Freude bereitet.

Nudging

In der modernen Berufswelt ist der Begriff Nudging unauffällig eingedrungen. Nudging bedeutet ‚Anschubsen' (im positiven Sinn). Jemand wird dazu bewegt, im Sinn des Schubsenden aktiv zu werden. Wohlgemerkt geschieht das Vorgehen ohne Zwang.

Ein ganzes/halbes Herz haben

Das ist eine interessante Äußerung, die ein Nachbar äußert. Eine Person habe ein Herz, meint er. Das ist sehr anzunehmen, könnte die Person ansonsten gar nicht leben.

Sinngemäß heißt *ein Herz haben*, hilfsbereit zu sein, mitfühlend und warmherzig zu handeln. All das trifft auf die Person zu. Ähnliches gilt für ‚*ein ganzes Herz haben'*. Dies soll nicht etwa ein Gegensatz zu einem Stück Herz oder einem geteilten Herz darstellen.

„Er setzt sein *ganzes Herz* ein.“

Gemeint ist, dass jemand voller Energie seine komplette Kraft, sein komplettes Gewicht an Beziehungen einsetzt, um eine Entscheidung oder Handlung zu beeinflussen.

Ähnlich verhält es sich mit dem ‚Er ist mit ganzem Herzen dabei'. Er ist voll engagiert, seine Aufmerksamkeit ist komplett gegeben. Er ist begeistert.

„Er ist mit *ganzem Herzen* dabei.“

„Sie engagiert sich nur *mit halbem Herzen*.“

Diese kritische Behauptung zeigt, dass sich die Person ohne Anteilnahme einbringt. Sie erledigt zwar ihre Arbeit, aber ohne jegliche Begeisterung. In Gedanken mag die Person ganz woanders sein.

Zwei Herzen haben

„Zwei Herzen im Dreivierteltakt" klingt es aus den Kehlen der Opernsänger in der Operette des österreichischen Komponisten Robert Elisabeth Stolz (1880 – 1975) zur Uraufführung im Jahre 1933.

Befinden sich beide Herzen in der Brust einer Person? Nein, zwei gut gelaunte Personen tanzen einen Walzer und erfreuen sich – gemeinsam mit ihren Herzen – des Lebens.

Oben wurde von Menschen geschrieben, die ein halbes oder ein ganzes Herz haben. Überraschend klingt es, trägt jemand zwei Herzen in seiner Brust.

Tatsächlich ist die Person nicht mit zwei gut arbeitenden Herzen ausgestattet. Sie lebt mit einem Herzen, so wie fast jeder andere Mensch auch.

Diese Redensart wird verwendet, um zu zeigen, dass eine Person zwei Dinge mag, diese nicht gleichzeitig genießen kann, oder die sich gegenseitig ausschließen. Es fällt ihr schwer, sich für das eine oder das andere entscheiden zu müssen.

Ins Herz schließen

Maike ist im Rentenalter und genießt ihr Leben. Sie wohnt in einer schicken Zwei-Zimmer-Wohnung eines Sieben-Parteien-Wohnhauses direkt angrenzend an einen gepflegten Park.

Seit ein paar Monaten wohnt ein junges Paar links unten im Haus. Es scheint, dass beide Eltern beruflich aktiv sind. Maike beobachtet den liebevollen Umgang des Paares mit seinen beiden kleinen Kindern, die regelmäßig in den benachbarten Kindergarten gebracht werden.

Als Maike die Mutter im Treppenhaus trifft erfährt sie, dass aufgrund von Personalmangel die Kinder schon wieder um 14:00 Uhr abgeholt werden müssten. Die Mutter musste deshalb früher von ihrem Arbeitsplatz nach Hause zurückkehren.

Spontan bietet Maike an, im Wiederholungsfall die Kinder abzuholen und sie bis zum Eintreffen eines Elternteils in ihrer Wohnung zu betreuen.

Ans Herz wachsen

Nach einigen Abwägungen, sowie etwas Hin und Her, stimmt die Mutter zu. Tatsächlich ist in der kommenden Woche bereits Unterstützung nötig. Maike springt – wie versprochen – sofort ein. Die beiden Kinder freuen sich, die Stimmung ist super.

Im Laufe des Jahres kümmert sich Maike immer wieder um die Kinder. Inzwischen sind ihr die Kinder regelrecht ans *Herz gewachsen*. Es ist ihre Herzenslust, der Familie zu helfen.

Maike hat die Kinder *in ihr Herz geschlossen*. Umgekehrt scheint es genauso zu sein.

„Die Kinder sind mir *ans Herz gewachsen*."

Es scheint nur Gewinner zu geben: die Eltern, die Kinder und natürlich auch Maike.

Maike ist froh und gedanklich schon ein wenig stolz darauf – ihrem *Herz gefolgt* zu sein. Sie freut sich auf die neu gefundene Aufgabe und die freundschaftliche Anbahnung.

Ist etwas angewachsen, lässt es sich nicht ‚einfach so' wegnehmen. Die Verbindung ist sehr intensiv. Es muss zum Beispiel unter Zuhilfenahme eines Messers getrennt werden.

Dieser Vorgang ist schmerzhaft und es fließt Blut. Wer weiß, ob die entstehenden Wunden jeweils wieder narbenlos heilen.

Herzenslust

Der Begriff Herzenslust ist interessant zu betrachten. Es ergibt sich der Hinweis, dass das Herz selbst die Lust verspürt, Unterstützung zu leisten.

Es bereitet dem Herzen Freude, jemanden entlasten zu können. So überzeugt es seine Trägerin, aktiv zu werden – und zwar mit Freude. Sie erledigt die Arbeit nun gerne. Alle profitieren: die Peron, die Hilfe erhielt, die helfende Person und das Herz.

Herzensangelegenheit, Herzenssache, Herzenswunsch

„Es ist meine Herzensangelegenheit, dass wir unsere Kunden äußerst zufriedenstellen."

Daran erinnerte die Vorgesetzte ihr Team.

„Es ist für mich eine Herzenssache, dass Sie zu mir kommen, wenn es Probleme gibt."

Das gibt der Vorgesetzte seinem neuen Mitarbeiter am ersten Arbeitstag mit auf den Arbeitsweg.

Die Äußerungen Herzensangelegenheit, Herzenssache und Herzenswunsch sind vergleichbar in ihrer Bedeutung.

In allen Fällen drückt der Sprechende aus, dass ihm sein geäußertes Bedürfnis im Herzen liegt. Das Erwähnte ist ihm ein ausgesprochen wichtiges Anliegen.

Eine ähnliche Erwartungshaltung wird erzeugt, sagt jemand:

Mit dieser Äußerung wird gleichfalls ein fundamentaler Wunsch ausgesprochen.

Allerdings kommt dieser nun nicht mehr aus dem Inneren des Herzens. Er ist offensichtlich außerhalb des Herzens zu verorten. Immerhin noch <u>am</u> Herzen.

Das lässt die Vermutung zu, der Wunsch berühre das Herz, ist demnach wichtig, oder wie oben ausgedrückt, ein fundamentaler Wunsch.

Wunsch oder Befehl?

Wird ein Wunsch geäußert, wird dieser von anderen oft erfüllt. Ein Wunsch ist nicht unbedingt deckungsgleich mit einer Bitte oder einer Aufforderung. Zumindest nicht vordergründig.

Im Hintergrund kann, je nachdem wer den Wunsch äußert, dieser unter Umständen sogar als Befehl verstanden werden.

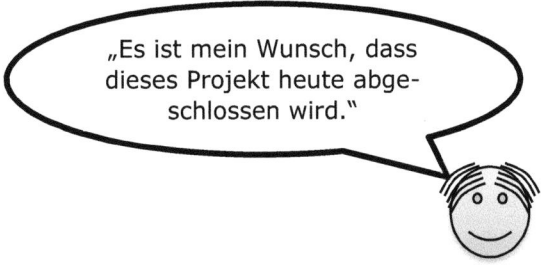

So richtet sich der Vorgesetzte an sein Team. Ist das nun ein Wunsch, der vernachlässigt werden darf? Oder versteckt sich ein Befehl hinter der Äußerung?

Kommt das Herz ins Spiel – Herzenswunsch –, ist der Wunsch fast nicht mehr abzulehnen.

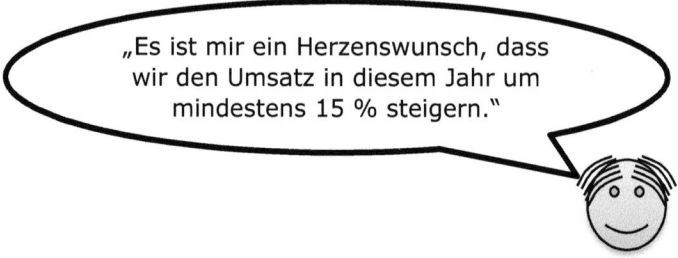

„Es ist mir ein Herzenswunsch, dass wir den Umsatz in diesem Jahr um mindestens 15 % steigern."

Von Herzen wünschen

Eine leicht andere Bedeutung hat der Satz:

„Ich wünsche mir von Herzen ..."

Meist ist diese Formulierung zu hören, wenn eine Person sich etwas Schönes, etwas Gutes wünscht. Der Wunsch kommt tief aus dem Herzen. Wahrscheinlich war er dort schon eine Weile verborgen. Er wurde geheim gehalten.

In der Regel versteckt sich bei dieser Formulierung kein kaschierter Befehl. Jetzt ist es wohl an der Zeit, den Wunsch zu äußern. Soll er sich erfüllen.

Manchmal wird sich etwas gewünscht, was nicht unbedingt in Erfüllung gehen kann. Manchmal kann sich aber ein Erfolg einstellen.

- „Ich wünsche mir von Herzen Weltfrieden.‟

- „Ich wünsche mir von Herzen, dass die Untersuchung keine schlechte Diagnose ergibt.‟

- „Ich wünsche euch von Herzen alles Glück dieser Erde.‟

Herzensfreude

Ist ein besonderer Wunsch erfüllt, ein bemerkenswertes Ergebnis erzielt oder ein erhoffter Erfolg zu verbuchen, freuen sich die Beteiligten sehr.

Die Freude ist so groß, dass von Herzensfreude gesprochen wird.

Der Grund zur Freude ist üblicherweise ausgesprochen bedeutend, um aus einer (sowieso schon großen) Freude eines Herzens weitere Freude zu verbreiten.

Was ist wichtiger einzustufen, als die Freude des Herzens?

„Ich bin herzensfroh,
dass wir nun endlich ..."

Als Eigenschaftswort zur Herzensfreude gibt es das herzensfroh. Im Gespräch eingesetzt, drückt es seine besondere Gefühlsregung aus. Beide Begriffe vermitteln eine gleichartige Bedeutung.

Herzensthema

Jemand unterstützt mit sehr großzügigen Spenden ein Dorf in einem europäischen Nachbarland. Die dort lebenden Menschen fristen ein trauriges Dasein. Kaum eines der Kinder genießt eine vernünftige Schulbildung.

Der Spender will dazu beitragen, dass mit dortigen Menschen ein Hilfsprogramm zur Unterstützung aufgebaut wird. Er äußert:

„Es ist ein Herzensthema
für mich, den Kindern
helfen zu können."

Offensichtlich genießt das Projekt eine gewisse Priorität.

Herzblut

Widmet sich jemand deutlich einer Arbeit oder einem Projekt, steckt er viel Leidenschaft und Gefühl in die Aktion.

Blut ist wichtig für das Leben und den Körper. Das Herz sorgt dafür, dass das Blut im Körper zirkuliert. Die Kombination der beiden Wörter Herz und Blut zu Herzblut unterstreicht die Bedeutung dieser Tätigkeit.

Wer demnach sein Herzblut in eine Arbeit oder ein Projekt steckt, zweigt einen Teil seiner eigenen (Lebens-)Energie ab. Das ist bemerkenswert.

Die abgezogene Energie fehlt der Person selbst. Es wird nicht von Überschüssigem gegeben, sondern vom Grundbedarf. Wird der eigene Grundbedarf nicht gedeckt, kann es zu Beeinträchtigungen der Körperfunktionen kommen. Das zeigt die empfundene Wichtigkeit.

Ein gewisses Risiko ist mit solch einem Vorgehen verbunden, zum Beispiel dann, wenn sich jemand für sein Projekt verausgabt.

Die Bedeutung ist: einem Projekt wird sehr viel Aufmerksamkeit beigemessen. Viel Arbeit wird in dieses Projekt/diese Tätigkeit gesteckt.

Solche Mühe will belohnt werden. Geht das Projekt schief, fühlt sich der Mensch ‚blutleer' und total ‚geknickt'. Es braucht dann ‚frisches' Blut, um den Menschen wieder aufzupeppen.

Das Herz wird sich um dieses Blut kümmern.

Jemandem aus dem Herz sprechen

Kati und Jakob diskutieren eifrig miteinander. Überlegungen, Beobachtungen und Argumente wechseln sich zügig ab.

Beide sind gleicher Meinung, was politisch veranlasst werden könnte, um die Bevölkerung zu unterstützen und gleichzeitig die Wirtschaft anzukurbeln.

Jakob unterbreitet gerade einen Vorschlag, worauf Kati sich zustimmend auf ihre Oberschenkel haut.

Sie ruft aus:

„Du sprichst mir aus dem Herzen!"

Mit diesem Spruch wird ausgedrückt, dass die Gesprächspartner gedanklich übereinstimmen. Einer der beiden verbalisiert diese Meinung und spricht aus, was der andere (ebenso) denkt und empfindet.

Die Übereinstimmung stärkt das Miteinander. Es lässt die beiden ein wenig näher zusammenwachsen.

Immerhin spricht einer aus dem Herzen des anderen. Das offenbart bereits die gedankliche Gleichschaltung – neben der bereits vorhandenen emotionalen Übereinstimmung – beim besprochenen Thema.

Besonderes Herz

„Das Herz und nicht die Meinung ehrt den Mann."
Johann Christoph Friedrich von Schiller, dt. Dichter
(1759 - 1805)

Gefühl und Verstand

Mehrfach in diesem Text fällt auf, dass Verstand und Herz miteinander konkurrieren. Wer/was ist wichtiger für den Menschen? Der eine oder das andere?

Friedrich von Schiller ist der Überzeugung, dass nicht die Meinung des Mannes, sondern sein Herz ihn ehrt.

Werden Aussagen von Menschen analysiert, können viele in die Kategorie Behauptung, Meinung, Belehrung, Ratschlag und ähnliche geordnet werden.

Eine festgefahrene, vielleicht sogar logisch untermauerte Meinung wird ins Gespräch geworfen. Sie wird infolge hart verteidigt und gegen andere Überlegungen unnachgiebig in Schutz genommen.

Viele Aufgaben werden zuerst einmal rational betrachtet. Zahlen, Daten und Statistiken sind ausschlaggebend. Es wird ihnen häufig unreflektiert geglaubt.

Die Finanzwelt und die materiell arbeitende, gewinnorientierte Wirtschaft scheinen sowieso überwiegend aus Zahlen, Formen und Diagrammen zu bestehen.

Oft beginnen Behauptungen mit:

- „Ist doch klar, ..."

- „Ist logisch, dass ..."

- „Weiß doch jeder, ..."

- „Das ergibt sich aus …"

„Laut Statistik …"

Sie berufen sich alle auf Wissen oder Daten, die das Gedächtnis als ‚richtig' einstuft oder eingestuft hat.

Könnte es sein, dass bei der Mehrheit der Menschen ein Schalter auf ‚vernünftige Denkweise' standardmäßig eingestellt ist?

80 zu 20

Um bei Zahlen zu bleiben, soll hier der frei geschätzte Wert von 80 % für die vernunftmäßigen Äußerungen stehen. Nur vergleichbare lächerliche 20 % bleiben für das Herz.

Nur 20 % der Beiträge in Diskussionen kommen aus dem Herz? Von dort sollen Hilfestellung, Trost, Unterstützung, Motivation, Herzlichkeit, Zuneigung, Fröhlichkeit und nicht zuletzt Liebe kommen.

Ließen sich die Zahlen 80/20 zu 50/50 verschieben, müsste es nach diesen Überlegungen zu einer wohlwollenden Atmosphäre führen.

Wie sähe es mit einer fairen Ausgewogenheit zwischen Verstand und Herz aus?

Ist jemand mit *Hand und Herz* bei der Sache, sind Gefühl und Verstand gut gekoppelt. Die Hand steht für die ausführende Kraft des Gehirns. Beide Bereiche arbeiten gut miteinander.

Der rational arbeitende Verstand (das Gehirn) und die emotionale Kreativität (das Herz) haben einen Weg gefunden, einander optimal zu ergänzen. Damit ermöglichen sie es der Person, ein komplexes, vollwertiges Ergebnis zu erbringen.

Im nächsten Absatz sollen Hand und Herz einander nähergebracht werden.

Hand und Herz arbeiten zusammen

In der deutschen Nationalhymne gibt es den Satz: „Danach lasst und alle streben brüderlich mit Herz und Hand!" Also nicht nur das Gefühl ist gefordert, sondern auch die Aktion (das Handeln).

„Hand aufs Herz. Wäre es nicht besser …?"

„Ja, lass uns noch mal überlegen."

Die Aussage ‚*Hand aufs Herz*' ist nicht zu verwechseln mit ‚*Hand und Herz*'. Jetzt wird – bildhaft betrachtet – die rational gesteuerte Hand auf das emotionale Herz gelegt, um die Gefühle vorübergehend zu beruhigen oder zurückzuhalten.

Im Herz steckt die Wahrheit, die (rechte) Hand (Schwurhand), die wie eine Schwurgeste auf die linke Brustseite gelegt wird, ruft zur Besinnung, zur Überlegung auf.

Wird gar ein Eid geleistet, unterstützt der Verstand die Erinnerung an die Wahrheit.

Legt eine Person die rechte Hand auf das Herz, symbolisiert er, die Wahrheit zu äußern. Der Verstand könnte lügen – das Herz nicht.

Die Geste könnte so gedeutet werden, als würde das wahrheitsliebende Herz die ausführende Hand daran erinnern, die Wahrheit zu sagen.

Die Hand auf dem Herz bedeutet:

Noch eine weitere Rückkoppelung ist bei Redensarten rund um das Herz zu hören. Nämlich dann, wenn es heißt:

„Ein Herz und eine Seele sein."

Meist werden zwei Personen gemeint, die sehr gut miteinander harmonieren. Sie können sich gegenseitig aufeinander verlassen. Sie ergänzen sich ideal. Beide sind eng miteinander verbunden und stehen füreinander ein.

Rührung

Der fehlerfreie und beeindruckende Gesang des Tenors, der allein auf der Bühne steht und mehrere hundert Zuschauende in Atem hält, ist unvergleichbar.

Kein Wunder, dass der Künstler einen ohrenbetäubenden Applaus erhält. Nach kurzer Zeit stehen die Opernbesucher auf und klatschen und klatschen …

Der Solist ist sichtbar gerührt. Er bedankt sich mehrmals mit tiefen Verbeugungen. Hin und wieder führt er seine rechte Hand ans Herz und klopft dreimal kurz auf die Brustseite.

Übersetzt könnte das bedeuten:

„Euer Applaus/Eure Zuneigung dringt bis in mein Herz ein."

In mehreren Kulturen ist es üblich, beim Singen und/oder beim Abspielen der Nationalhymne die rechte Hand aufs Herz zu legen.

Die Person zeigt durch dieses Handeln, dass ihr die Hymne ‚nahegeht‘ und für sie etwas Besonderes darstellt.

In manchen muslimisch geprägten Kulturen wird zum Gruß oder nach der Begrüßungsfloskel die rechte Hand aufs Herz gehalten. Gleichzeitig erfolgt eine leichte Verbeugung. Damit wird Ehrfurcht dem Gegenüber ausgedrückt. Wer den Kopf vom anderen neigt, zeigt sich ehrfürchtig.

Angeblich führen Freimaurer ihre Hand zum Herz, wenn sie das Wort ergreifen. Sie wollen damit den Angesprochenen Respekt erweisen.

Manchmal führt eine Person theatralisch ihre Hand zum Herzen, wenn sie etwas äußert und gleichzeitig unterstreichen will, die Wahrheit zu sagen.

Eine starke Einheit bilden

Die gezeigten Beispiele können klarstellen, dass der Verstand und das Herz eine starke – fast unschlagbare – Gemeinschaft bilden. Sie können sich gegenseitig optimal unterstützen. Treten sie gemeinsam auf, stellen sie nach außen eine einträchtige Einheit auf.

Der Mensch wirkt auf andere strukturiert und informiert. Gleichzeitig ist er sympathisch und kommuniziert harmonisch.

Die Person ist in ihrem Auftreten und Handeln unanfechtbar und nur schwer angreifbar. Rationalität und Emotionalität sind in sich stimmend.

Herz ist Trumpf

Bei dieser Redewendung steht das Herz erkennbar für die Gefühle einer Person. Die Seele der anderen Person stellt deren Meinung dar.

Die Gefühle der ersten Person passen mit der Meinung der zweiten Person wunderbar zusammen.

Hier wird verstanden, dass das Herz trumpft, dass er übertrumpft – also stärker als anderes ist.

Beim Kartenspiel helfen die Trümpfe wertvolle Stiche zu erzielen. Der Spieler freut sich deshalb, wenn er bei den aufgenommenen Karten die Trümpfe sieht.

Die Chance zu gewinnen ist in greifbarer Nähe. Der Spieler spürt, wie sein Körper Glückshormone ausschüttet. Nur nichts anmerken lassen!

Übertragen vom Spiel auf das tägliche Leben, soll es auch dort viele Glücksmomente geben, die Begeisterung in den Alltag bringen.

Gute Situationen, unerwartetes Wiedersehen, freudige Überraschungen und andere tragen meist dazu bei, positive Gefühle zu spüren.

Diese positiven Gefühle sind vergleichbar mit den Trümpfen beim Kartenspiel.

Eine gute Situation übertrumpft eine nervige Herausforderung. Unerwartetes Wiedersehen übertrumpft Einsamkeit, freudige Überraschung übertrumpft Eintönigkeit. Das tägliche Leben hält viele Trümpfe bereit.

Harmonie suchen – Nicht immer auf sein Recht beharren

Damit der Mensch möglichst viele Glücksmomente erleben kann, muss er seinem Herz die Möglichkeit einräumen, diese herbeizuführen.

Er muss dem Herzen sicherstellen, seine Herzlichkeit zu zeigen beziehungsweise zu äußern.

So ist es beispielsweise manchmal sinnvoller, auf sein Recht zu verzichten. Was bringt es, sich sein Recht erbittert – oder bis zum bitteren Ende – zu erstreiten?

Viel Energie, Geld und gute Laune gehen dabei unwiederbringlich verloren.

Natürlich heißt das nicht, Unrecht ständig zu akzeptieren. Aber hier und dort mag es Situationen geben, in denen es sinnvoller ist, ‚einfach mal' den Mund zu halten.

Andere sagen „eine Faust in der Tasche machen" – und lächeln.

Die Faust, das ist die vernunftgesteuerte Hand, wird sozusagen unter Kontrolle gehalten. Sie wird genötigt, <u>nicht</u> aktiv zu werden. Und zwar zugunsten des ‚lieben Friedens'.

Damit kann das Herz seine Stärken ausspielen.

Hier soll noch einmal der österreichische Dichter Franz Grillparzer (1791 – 1872) mit seiner Überlegung zu Wort kommen: „Viel Übles hab' an Menschen ich bemerkt. Das Schlimmste ist ein unversöhnlich Herz."

Das versöhnliche Herz ist mit das Beste, was einer Person passieren kann. Es bleibt zu wiederholen:

Kommt von Herzen – Herz am rechten Platz

In hiesiger Kultur ist es üblich, zur Begrüßung die rechte Hand als Grußhand zu nehmen, um den Handschlag zu vollziehen. In anderen Kulturen ist es weiterhin gängig, generell nichts mit der linken Hand zu überreichen.

Diese gilt als ‚unrein'. Mit der linken Hand soll nichts überreicht werden.

Auch hierzulande, einige Jahrzehnte zurück, galt die linke Hand als ‚Hand des Teufels'.

Das ging tatsächlich so weit, dass Linkshändern unter Androhung von Strafen und tatsächlichen Bestrafungen antrainiert wurde, mit der rechten Hand zu schreiben. Einigen Geplagten gelang das trotz großer Anstrengung bis ins hohe Alter nicht.

Diese Zeiten sind überholt. Der Linkshänder kann aufatmen.

Obwohl der Linkshänder im Beruflichen und im Gesellschaftlichen mittlerweile volle Akzeptanz genießt (es gibt sogar Werkzeuge wie Scheren, Spazierstöcke, Korkenzieher, Dosenöffner, Computermaus und andere Helfer für Linkshänder), arbeitet die Gesellschaft nach wie vor ausgerichtet auf Rechtshänder. Im interkulturellen Bereich sowieso.

Deshalb bleibt (speziell auf dem politischen Parkett) die rechte Hand als verwendete Grußhand.

Sollte sie verletzt, gegebenenfalls bandagiert sein, darf die linke Hand ‚ersatzweise' zum Gruß gereicht werden.

Dabei äußert die Person beispielsweise:

„Kommt von Herzen."

Gleichzeitig mit dem Reichen der linken Hand wird diese Erklärung geäußert.

Die Aussage entschuldigt das Benutzen der ‚falschen' Hand und erlaubt/ermöglicht das offizielle Anbieten und Benutzen der linken Hand. Diese Vorgehensweise wird in der Regel akzeptiert.

Die vom Verstand ursprünglich aufgestellte Regel wird nun von dem von Emotionen gesteuerten Herzen außer Kraft gesetzt.

Herzseite

Vor der Trauung anlässlich einer katholischen Hochzeit schreitet die Braut an der Herzseite des Bräutigams zum Altar.

Dieser Brauch soll auf das Mittelalter zurückgehen. Da Braut und Bräutigam noch nicht vereint waren, musste mit Widerstand gegen die Vermählung gerechnet werden; auch mit handgreiflichen.

Damit der Bräutigam seine Absichten (die Heirat) verteidigen konnte, musste er schnell – mit seiner rechten Greifhand – eine Waffe zur Verteidigung einsetzen können.

Nach der Trauung geht die nun Verheiratete an der rechten Seite ihres frisch vermählten Ehemanns.

Nun befindet sich ihr Herz nahe dem Körper des Manns. ‚Sie' gehört nun zu ‚ihm'.

Beim Tod: Die verstorbene Person ist im Andachtsraum aufgebahrt. Die Herzseite des Toten im Sarg zeigt Richtung Eingangstür.

Herzhaft

„Greift herzhaft zu", ermuntert der Gastgeber seine Gäste. Diese lassen sich nicht lange bitten. Die angebotenen Speisen erfreuen die Gäste. Ein Gast betont:

Herzhaft steht für gehaltvoll, kräftig, würzig, sättigend. Aber auch tüchtig, ordentlich, mutig.

Es ergeben sich durch die Vielfalt der Bedeutungen unterschiedliche Verwendungsmöglichkeiten des Begriffs ‚herzhaft'. Beispielsweise:

- herzhafter Entschluss
- herzhaftes Vorgehen
- herzhaftes Gelächter
- herzhafte Speise

Wer das Wort ‚herzhaft‘ teilt, ist mit dem Wortteil ‚haft‘ konfrontiert. ‚Haft‘ kommt von ‚haften‘ im Sinn von ‚kleben an‘.

Das Erwähnte (Speisen, Gelächter, Entschluss) ist offenbar so erwähnenswert und/oder bedeutend, dass es eine besondere Geltung besitzt.

Der Sprecher weist auf diese Bedeutung hin. Er drückt aus, dass die Sache an seinem Herzen klebt. Sie ist also sehr mit dem Herzen verbunden.

Genau betrachtet zeigt die Verwendung eine ‚burschikose‘ (ungezwungene), vielleicht betonte oder kräftig formulierte Situation.

Burschikos beinhaltet den Burschen. Gemeint ist der Student, der sich unbekümmert zeigt und verhält.

Ein herzhaftes Verhalten ist demnach gerade noch in den klassischen Umgangsformen akzeptiert.

Nach ursprünglicher Meinung (oder nach den damit verknüpften Vorurteilen) passt das Burschikose nicht mehr in den gepflegten gesellschaftlichen Umgang.

Ein allzu herzhafter Umgang gehört nicht zwangsläufig in den öffentlichen gesellschaftlichen Rahmen. Der herzhafte passt eher im privaten Umgang oder gegebenenfalls unter guten Freunden.

An dieser Stelle mahnt wieder einmal der Verstand, seriös zu bleiben.

Herzerquickend – herzerfrischend

Der Mensch kann etwas tun, um sein Herz munter, lustig und lebensfreudig zu erhalten. Zum Beispiel dadurch, dass er eine optimistische Lebenseinstellung einnimmt. Er lacht viel, macht Späße und verbreitet eine angenehme Atmosphäre.

Dadurch wird das Herz erquickt und erfrischt. Im Althochdeutschen gibt es ‚quicchan‘, was ‚lebendig machen‘ bedeutet. Das Herz ist ‚quietschfidel‘.

Jemand scheint schon nahe an Ausgedörrtheit oder Erschöpfung zu sein. Er wird wieder ‚neu‘ belebt. Das Erquickende belebt das Herz. Das ist gut und genau genommen wichtig. Möglicherweise sogar überlebenswichtig.

Das Herz muss nicht immer an den Rand seiner Existenz gekommen sein, um sich über eine Erquickung zu freuen. Manchmal genügt auch eine Erfrischung.

Manch einer sagt:

Die Person möchte einen kurzen Stopp im Badezimmer einlegen. Er will sich etwas Wasser auf die Haut geben, oder sich die Hände waschen. Die Ermüdungszeichen sollen weggewischt werden.

Weshalb nicht auch dem Herzen hin und wieder einen angenehmen Wellness-Moment zukommen lassen?

Eine kleine Erfrischung im täglichen Leben kommt in der Regel gut an.

Das Herz in der Kultur

„Kultur beginnt im Herzen jedes einzelnen."
Johann Nepomuk Nestroy, österr. Dramatiker
(1801 - 1862)

Literatur, Film, Musik

Freddy stöhnt vernehmbar auf, als er seine Ehefrau – eingeku-
schelt in eine warme Decke – auf dem Sofa sitzend sieht. Sie hält
ein Buch in der Hand. Offensichtlich fesselt sie der Text, denn sie
hatte Freddy noch nicht wahrgenommen.

„Immer dieselbe Herzduselei," sagt Freddy halb zu sich und halb
zu seiner Frau.

„Hast du dich wieder in einen herzzerreißenden Liebesroman vertieft?", fragt er, wohl wissend, dass seine Frau begeistert Liebes-
romane verschlingt.

„Und wenn schon," murmelt die Ehefrau halblaut und lässt sich
nicht ablenken.

„Ist doch immer dasselbe, Herzeleid, schmachten, verliebt sein."
Freddy bringt sich in eine rhetorische Angriffsposition.

„Junge, hübsche Frau baut Autounfall mit einem genauso hüb-
schen Mann, der sich durch gute Umgangsformen auszeichnet.
Zuerst sind sie sauer aufeinander, verlieben sich später. Oh Wunder: Der Mann ist Millionär und Besitzer eines riesengroßen An-
wesens. Intrigierende Mutter ..."

„Jetzt hör' schon auf, Freddy. Lass mich lesen." So unterbricht
sie genervt ihren Ehemann.

Unbeirrt fährt dieser fort: „Missverständnisse, Herz wird gebrochen, Trennung, unheilbare Krankheit, ..."

„Ja, ja, das weiß ich ja. So ist das Leben."

„Nein, das ist nicht das Leben!", ereifert sich Freddy. „Das ist Sülze!" Freddy hat sich förmlich in Rage geredet.

„Im Leben dreht sich nun mal alles ums Herz. Das weißt du natürlich nicht. Du bist sehr herzlos!" Erbost wirft die Frau ihre Lektüre auf den Wohnzimmertisch und rauscht aus dem Zimmer.

Hat Freddys Ehefrau recht? Dreht sich alles im Leben ums Herz? Zumindest ist sie dem oben zitierten Johann Nepomuk Nestroy gedanklich nahe. Der behauptet, „Kultur wie Film, Literatur und Musik beginnen im Herzen".

Das Herz in der Musik

Bei detaillierter Suche zeigen sich viele Verbindungen zwischen Herz und Kultur.

Tatsächlich finden sich zahlreiche Titel oder Inhalte, die mit ‚Herz' in Verbindung gebracht werden.

Einige Beispiele aus der Musik:

- „Ich hab' mein Herz in Heidelberg verloren", 1927 von Friedrich Raimund Vesely, genannt Fred Raymond (1900 – 1954).
- „Herz an Herz", 1985 von der Band Paso Doble, Komponist Frank Oberpichler (*1957) und Sängerin Rale Oberpichler (*1952).
- „My heart will go on", 1997 („Mein Herz wird weiter schlagen"). Komponist US-Amerikaner James Roy Horner (1953 – 2015), gesungen von der kanadischen Sängerin Celine Marie Claudette Dion (*1968).

Das Herz in der Literatur

Die Literatur steht keineswegs im Abseits.

- „Man sieht nur mit dem Herzen gut" vom französischen Schriftsteller Antoine Marie Jean-Baptiste Roger de Saint-Exupéry, 1900 – 1944).

Das Zitat stammt aus ‚Der kleine Prinz' aus dem Jahr 1943. Immerhin soll das Buch in ca. 270 Sprachen/Dialekte übersetzt worden sein. Angeblich wurden mehr als 145 Millionen Bücher verkauft. Äußerst beachtlich.

Die Literatur lässt sich gern auf das Herz ein. Der englische Dichter William Shakespeare (1564 – 1616) lässt in seinem Stück ‚König Heinrich IV.' (1590/92) behaupten:

- „Ein fröhliches Herz lebt am längsten."

Friedrich Wilhelm Nietzsche (1844 – 1900) schreibt in ‚Morgenröte' (1881):

- „Das Herz ist es, das begeistert."

Der deutsche Sänger Chris Roberts (1944 – 2017) sang gerne das Lied (1972):

- „Hab' Sonne im Herzen egal, ob es stürmt oder schneit."

Das klingt alles sehr nach Begeisterung über das fantastische Herz.

In Wilhelm Hauffs (1802 – 1827) Märchen ‚Das kalte Herz' (1827) rückt das Herz sogar in den Titel. Auch, wenn es sich nur um ein <u>kaltes</u> Herz handelt.

Das Herz im Film

Eine bekannte deutsche Fernsehserie, die in immerhin 25 Episoden ab 1973 ausgestrahlt wurde, darf hier nicht fehlen: ‚Ein Herz und eine Seele' vom deutschen Drehbuchautor Wolfgang Menge (1924 – 2012).

Von den vier Hauptbeteiligten deutschen Schauspielern ragt die als ‚Ekel Alfred Tetzlaff' besetzte Rolle mit Heinz Schubert (1925 – 1999) hervor. Sein Verhalten ist alles andere als herzlich zu betrachten. Nicht umsonst erhält er den Beinamen ‚Ekel'.

Werden zwei Personen als ein Herz und eine Seele bezeichnet, heißt das, dass sie sich sehr gut verstehen und entsprechend miteinander umgehen.

In dieser Serie darf vom Gegenteil ausgegangen werden. In weiteren brillant besetzten Rollen agierten Elisabeth Wiedemann (1926 – 2015), Hildegard Krekel (1952 – 2013) und Diether Krebs (1947 – 2000).

Das Herz als Metapher

An vielen Stellen wird das Herz sprachlich in einen anderen Zusammenhang übertragen. Das griechische Wort ‚Metapher' bedeutet übersetzt ungefähr so viel wie ‚Übertragung'. In der Regel steht dann das Herz für etwas Begehrenswertes, Ausdrucksstarkes, Lebenswichtiges.

Im Oktober 1955 wurde ein wichtiges Gebäude in Köln namens Gürzenich wiedereröffnet, nachdem es im Krieg zerstört wurde. Bei der Rede wurde sinngemäß gesagt: „Nach der Zerstörung des Gürzenich hörte das Herz der Stadt auf zu schlagen."

Nach dem sogenannten Flammenwerfer-Attentat in Köln im Juni 1964 hieß es: „Das Herz der Stadt steht stehen."

Rational oder emotional?

Diese Beispiele aus einer Vielzahl an Herz-orientierten Titeln unterstreicht die Bedeutung des lebenswichtigen Herzens, auch in der kulturellen Vielfalt.

Wäre es auch ein kühles, eventuell emotionsloses Leben, würde das Herzliche aus diesem verbannt? Was wäre ein kühles, emotionsloses Leben ohne Herzlichkeit?

Bei manchen Menschen scheint es, als wäre genau das geschehen. Sie orientieren sich (ausschließlich) an Zahlen und Fakten (facts and figures). Vor- und Nachteile werden gegenübergestellt. Profit steht an erster Stelle.

Es scheint so, als hieße es:

„Wofür Gefühlsduselei?"

Der Mensch mit seinen Emotionen ist unwichtig. Bestenfalls zählt seine Arbeitskraft, sei es die der Muskeln oder die des Verstandes.

Solch rational denkende und handelnde Menschen mögen Erfolg erzielen. Einmal in Richtung des materiellen Erfolgs, andererseits in Richtung des Status, sowie der ausgestrahlten Macht.

Sofern sie sich im Leben glücklich fühlen (falls es für sie überhaupt von Bedeutung ist) ist das nüchterne Vorgehen wohl in Ordnung.

Emotional gesteuerten Menschen fällt das Verständnis für die ‚rationalen Typen' schwer.

So mögen sie sich und andere fragen:

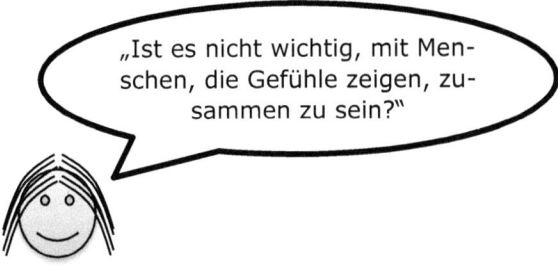

Ist es nicht schön zu lachen, zu weinen, mit Herzklopfen und zitternd auf eine schöne Entscheidung zu warten?

Ist es nicht wertvoll, Warmherzigkeit und Anteilnahme gerade in schwierigen Situationen zu spüren?

Ist nicht gerade in der Dienstleistung die Menschlichkeit entscheidend für Zufriedenheit und ein stressabbauendes Leben?

Nur das eine (Rationale) oder das andere (Emotionale) genügt allerdings nicht in einem ausgewogenen Dasein.

Beide Ausrichtungen können einander unterstützen und damit helfen, ein zufriedenstellendes Leben zu führen.

Soll das Gehirn mit seinem hoffentlich erfolgreich arbeitenden Verstand zu einem schönen Leben beitragen, sowie das Herz, das hilft, das Netz der Beziehungen auszubauen und zu pflegen.

Die Seele und das Herz

Manch einen quält die Frage, wo die Seele im Körper ihren Platz findet. Aus bestimmten Gründen ist diese Frage nicht vernünftig zu beantworten. Zumindest wird sie meistens nicht im Verstand vermutet. Vielleicht fühlt sich die Seele nahe beim oder im Herzen wohl?

Wie schon mehrfach betont, haben alle Ausrichtungen ihre Berechtigung. Die unterschiedliche Ausprägung der einen oder anderen Seite macht die unglaubliche Vielzahl an Persönlichkeiten aus.

Es grenzt an ein Wunder der Natur, diese Vielfältigkeit zu erzeugen. So ergeben sich unzählige unterschiedliche Persönlichkeiten mit ihren spezifischen Stärken und Schwächen. Gut, dass nicht jeder Mensch dem anderen gleicht, wie ‚ein Ei dem anderen'.

Wer einen Blick in die ‚Weltgeschichte' wagt, wird viel Kälte, Leid und Gewalt sehen. Entschuldigen rationale Überlegungen so viel Elend, welches bei anderer Einstellung problemlos vermieden werden könnte?

„Härte zeigen", so lässt sich manch politischer Machthaber vernehmen.

Läuft ein System nur mit Härte? Lässt sich solch ein Gedanke auf Unternehmen und Familien/Partnerschaften übertragen?

Die Sonne im Herzen tragen

Wie schön ist folgende Aussage über eine Person zu hören:

„Sie trägt die Sonne im Herzen."

Zweifellos hat die Person ein sonniges Gemüt. Sie ist optimistisch, vergnügt und fröhlich.

Wie glücklich darf derjenige sein, der die Sonne im Herzen trägt? Der deutsche Dichter Caesar Hugo Flaischlen (1864 – 1920) schrieb ein Gedicht, aus dem der folgende Text stammt: „Hab Sonne im Herzen, dann komme, was mag! Das leuchtet voll Licht dir den dunkelsten Tag."

Strahlender Sonnenschein im Inneren wird die Person auch nach außen strahlen lassen. Bekanntlich heißt es: „Ich habe in ihre strahlenden Augen gesehen".

Strahlt in diesem Moment die Sonne von innen durch die Pupillen? Es fällt ihr bestimmt leicht, ein gerngesehener Gast zu sein.

Der deutsche Sänger Chris Roberts (1944 – 2017) empfahl ähnliches wie der oben zitierte Caesar Hugo Flaischlen: „Hab Sonne im Herzen, egal ob es stürmt oder schneit."

Er vertritt dieselbe Meinung, die Sonne ins Herz aufzunehmen. Beide betonen übrigens, dass es stürmen und schneien kann, ganz egal. Die Wetterlage spielt keine Rolle.

Sonne im Herzen ist wichtiger.

Die Sonne im Herzen ist schon gut. Sie erwärmt sowie erfreut das Herz und seinen Träger. Vielleicht hilft es, die Sonne viel kräftiger nach außen leuchten zu lassen, sodass auch Hartgesottene ein paar wärmende Strahlen fühlen können.

Es wäre schön, würde dadurch bei manchen Leuten etwas menschliche Wärme und etwas (mehr) Hilfsbereitschaft ausgelöst.

Autosuggestion

Wie schnell drückt trübes und regnerisches Wetter auf die Stimmung. Empfindliche Menschen neigen zu einem Anflug von Depression. Die Laune wird schlechter. Nichts gelingt mehr richtig gut.

Bekanntlich folgt auf schlechtes Wetter früher oder später eine gute, sonnige, aufmunternde Witterung. Dann steigt die Stimmung schlagartig wieder.

Damit der Mensch nicht in schlechte Stimmung versinkt – und schöne Nachrichten gibt es zuhauf – kann er sich selbst motivieren (eine Art Autosuggestion), dieser Gemütslage zu entkommen.

Positives Denken, Herausforderungen anstelle von Problemen, Freude am Leben und anderes mehr helfen, Sonnenstrahlen im Herz aktiv werden zu lassen.

Die Person täte selbst etwas Gutes. Ihr soziales Umfeld würde die Stimmungsaufhellung bestimmt bemerken, sodass freudiger aufeinander zugegangen werden kann. Das Leben zeigte sich von seiner schönsten Seite, sowie der Mensch auch.

Dem Herzen Gutes tun

Viel Gutes kommt direkt aus dem Herzen. Im Jahr 1653 begann ein Kirchenlied so: „Geh aus mein Herz und suche Freud in dieser lieben Sommerzeit."

Melodie und Text sind von Paul Gerhardt (1607 – 1676) und August Harder (1775 – 1813).

Das Lied bezieht sich auf die Sommerzeit und auf Gottes Gaben. Es lässt sich natürlich auch auf die anderen Jahreszeiten übertragen. Überall und immer gibt es schöne Dinge zu sehen, die das Herz erfreuen. Was dem Herzen guttut, tut auch seinem menschlichen Träger gut.

Das hilft, verstärkt auf das Gute zu achten. Das Schlechte ist natürlich ebenso vorhanden, aber nicht unbedingt wert, intensiv betrachtet und besprochen zu werden.

Wer sich vorwiegend auf das Gute konzentriert, tendiert zu einer positiven Lebenseinstellung. Diese erleichtert ihm das Leben und macht das Zusammenleben mit anderen ‚geschmeidiger'.

Das Herz lacht

Es ist gut zu wissen, dass dem Herzen Gutes gegönnt wird. Immerhin leistet das Herz immens viel für den Menschen – ein komplettes Leben lang! Sehr häufig sind keine Klagen zu hören.

Es hält ‚seinen' Menschen nicht nur am Leben. Das Herz bereichert sein Leben und sorgt für viele angenehme Augenblicke.

Das Herz wird in diese Richtung ungeachtet äußerer Einflüsse tätig bleiben. Aber natürlich freut es sich, wenn sich sein Träger ebenso freut. Das hebt die Stimmung, spornt an und sorgt für weitere herzliche Momente.

Tatsächlich kann das Herz sogar lachen. Das macht es dann, wenn es sich mit seinem Träger besonders freut. Beide lachen lauthals und sind bester Stimmung.

Durch diese gute Stimmung können sie Dritte förmlich anstecken. Die Stimmung überträgt sich.

Beobachtet oder beschreibt eine Person eine ‚blöde‘ Situation, muss sie sich ärgern. Sie geht einen anderen Weg, indem sie über das Erlebte lacht.

Bei dieser Aussage fehlt das Herz. Das Herz würde nicht über eine böse Sache lachen. Das Beobachtete war offensichtlich herzlos.

Also lieber das Herz lachen lassen!

„Das Gesetz der Zurückhaltung ist bestimmt, durch das Recht der Herzlichkeit durchbrochen zu werden."

Ludwig Philipp Albert Schweitzer, dt.-frz. Arzt

(1875 – 1965)

Teil 4 –
Hilfsbereitschaft

Kommunikative Hilfsbereitschaft

Der ständige Austausch

„Der Verstand kann uns sagen, was wir unterlassen sollen,
aber das Herz kann uns sagen, was wir tun müssen."
Joseph Joubert, frz. Moralist
(1754 - 1824)

Sprechen mit Verstand und Herz

Ein ganz großer Vorteil der Lebewesen ist die Fähigkeit, miteinander zu kommunizieren.

Der Mensch kann mit Wörtern sprechen (verbale Kommunikation), aber auch mit der Sprache seines Körpers (nonverbale Kommunikation), wie Gestik und Mimik. Dazu kommt die paraverbale Kommunikation, wie die Lautstärke und Betonung, Flüstern und so weiter.

Er kann sich sozusagen mit Hand und Fuß unterhalten, klare Worte finden und durch die Betonung Spannung erzeugen.

Die Menschheit hat sich so raffiniert entwickelt, dass eine Person eine Nachricht ‚zwischen den Zeilen' versteht. Er kann Doppeldeutiges ausdrücken, humorvoll sein oder sich sarkastisch geben.

Das bringt ihm auch die geniale, wenn auch zweifelhafte Fähigkeit, ‚auf Teufel komm raus' zu lügen, zu beleidigen oder zu bedrohen. Die Wahrheit wird gnadenlos so weit gebeugt, wie es für den Redner ‚richtig' erscheint.

Das kann der Mensch alles tun. Der Mensch kann aber auch Nachrichten mit Herz übermitteln.

Nachrichten mit Herz

Verbindlich und freundlich geschriebene Nachrichten sind willkommen. Inhalte können loben, motivieren, unterstützen, trösten, helfen und so weiter.

„Ich liebe dich von Herzen."

Die Variante, das Herz in die Kommunikation einzubeziehen, eröffnet warmherzigen, freundlich gestimmten Austausch, eine sehr große Bandbreite angenehmer Gesprächsführung.

Manchmal scheint das Herz zu viel Einfluss auf das Gesagte zu nehmen. So wird dann eine Zurückhaltung oder eine Korrektur angemahnt:

„Erst den Verstand einschalten, bevor du den Mund öffnest."

Aha, offensichtlich wurde hier Unlogisches oder Unüberlegtes geäußert. Es scheint, es wurde etwas impulsiv und/oder gefühlsbetont ausgesprochen.

Dem Verstand wird unterstellt, dass er eine geplante Äußerung checkt – und zwar <u>bevor</u> sie geäußert wird. Impulsives Vorgehen findet sich hierbei weniger.

Das Gesagte soll ‚hieb- und stichfest' sein. Am besten ist es argumentativ gut untermauert, um rhetorischen Einwänden standhalten zu können.

Könnte und würde ein jeder Gesprächspartner immer erst seinen Verstand einstellen, hörte sich die zwischenmenschliche Kommunikation wahrscheinlich recht ‚nüchtern' an.

Wohl aber wäre sie abgesichert in alle Richtungen.

Gute Wahrnehmung

Dank des eingeschalteten Verstandes würde gut beurteilt, Vor- und Nachteile beachtet sowie kristallklar formuliert.

Das Wort ‚Verstand' leitet sich aus dem Althochdeutschen ‚farstan' ab, das für ‚davor stehen' steht.

Die Person <u>steht</u> räumlich nahe <u>vor</u> dem Beobachteten, sodass sie gut verstehen und sehen kann. Sie kann das Betrachtete sehr genau wahrnehmen.

Sie erkennt Zusammenhänge und durchschaut die rhetorische Struktur.

Im Übertragenen durchschaut sie den Gesprächspartner und kann ihn einordnen und ihn somit rhetorisch geschickt manipulieren.

Jedes Detail würde rational bedacht. Gefühle würden höchstens stören – also weg mit ihnen.

Nun müsste überlegt werden, ob sich alles durch den Verstand Gecheckte auf Dauer als ideal erwiese.

Alles gut soweit? Nein, lieber:

"Höre auf dein Herz!"

Dem Emotionalen Vortritt gewähren

Die Person oben (Joseph Joubert) empfiehlt, den Verstand unberücksichtigt zu lassen und den Emotionen Vortritt zu gewähren.

Nicht alles, was aus logischer Sicht richtig ist, muss zwangsläufig menschlich betrachtet stimmig sein.

Das zeigt bereits die Gesetzgebung, die vorgibt, was als ‚richtig‘ und ‚falsch‘ definiert ist. Sie gibt Strafen vor für denjenigen, der die Option ‚falsch‘ gewählt hat.

Das Urteil scheint eindeutig auszufallen. Aber nein, meinen die Verteidiger der angeklagten Person. Sie analysieren alle infrage kommenden Gesetze und bisherigen Urteile. Sie ‚drehen‘ Argumente in alle Himmelsrichtungen, um eine für ihren Mandanten hilfreiche Lücke zu entdecken.

Sie finden nun Gründe und Belege, weshalb das Vorgehen rechtens war oder aufgrund menschlicher Tragödien nachvollziehbar wird.

Gerechte Urteile

Erfahrene Richterinnen und Richter werden nach genauer Abwägung eine Entscheidung treffen und bekanntgeben. Die Bevölkerung baut dabei auf faire und gerechte Urteile.

Sie will das Vertrauen in die Rechtsprechung, die immerhin im Namen des Volkes erfolgt, nicht verlieren.

Sie erwartet, dass sauber nach Gesetz entschieden wird, unabhängig und neutral.

„Im Namen des Volkes ..."

Die zwischenmenschliche Kommunikation hat, wie gezeigt, unglaublich viele Varianten, die Rhetorik (Redekunst) passend einzusetzen. Nicht umsonst wird von Kunst gesprochen.

Sie kann sich auf jedes Thema einlassen. Sie kann kritisieren, hinterfragen, unterstützen und vieles mehr.

Die Bandbreite der Vorgehensweise ist riesengroß. Hieraus entsteht allerdings auch ein Nachteil. Nämlich der, dass die Kommunikation missbräuchlich eingesetzt werden kann.

Denn: Sie kann manipulieren, beeinflussen, verurteilen, lügen, betrügen, intrigieren, unterstellen und viel, viel mehr. Solche Arten der Kommunikation haben nichts mit herzlicher Kommunikation zu tun.

Im Gegenteil: Sie dienen oft dazu, eigene Interessen durchzusetzen und/oder dem Gesprächspartner zu schaden.

Kommunikation mit Herz

In Bezug auf den Titel des Buches (Herz-Knigge [2100]) und das Thema dieses Kapitels (Hilfsbereitschaft) sind in dieser Form der Kommunikation eher gemeint: gute Stimmung, harmonische Atmosphäre verbreiten, positive Einstellung erreichen, helfen, (Aus-)Wege zeigen, erklären, Herausforderungen lösen und viele weitere mehr.

Die Frage lautet: Wie kann die Kommunikation dazu beitragen, Hilfe zu bieten?

Nun, vor allem braucht es eine Person, die Hilfe benötigt. Drei Beispiele:

Jemand, dem etwas Unangenehmes passiert ist. Diese Person will unbedingt erläutern, wie die Umstände zu der zu klärenden Situation führten. Hier braucht es jemanden, der aktiv zuhören kann und will.

Eine Person, die in Trauer ist, weil sie einen geliebten Menschen verloren hat. Jetzt geht es darum, Trost zu spenden.

Das dritte Beispiel zeigt eine (schüchterne) Person, die gelobt und damit gleichzeitig motiviert wird, sich weiterhin in die richtige Richtung zu bewegen. Sie benötigt die Hilfestellung durch eine andere Person in Form eines positiven Feedbacks. Hier geht es um Lob.

Diese drei Konstellationen werden in Folge beleuchtet.

Aktives Zuhören

Valerie, Valeries Vorgesetzter, der ausländische Kunde und seine Assistenz sitzen in intensiver Verhandlung im schick eingerichteten Besprechungszimmer des Unternehmens, für das Valerie arbeitet.

Anfangs läuft das Gespräch sehr harmonisch. Dann passiert es: Valerie hat unbeabsichtigt den Kunden im Kundengespräch beleidigt. Der Kunde fühlt sich rassistisch bloßgestellt. Daraufhin bricht er erbost das Gespräch ab und verlässt den Raum.

Der anwesende Vorgesetzte von Valerie versucht noch zu vermitteln – aber umsonst. Nachdem der Kunde das Gebäude verlässt, wird Valerie von ihrem Vorgesetzten ‚runtergemacht'. Er schreit und ist außer sich.

Valerie ist verzweifelt. Sie ist vollkommen am Boden zerstört. Sie hat ein erfolgreiches Geschäft ‚platzen lassen'. Zum zweiten ist ihr Vorgesetzter außer sich. Bestimmt hat er sein Vertrauen in Valerie verloren.

Valerie ist hilflos. Sie benötigt eine (kommunikative) Hilfestellung.

„Ich bin vollkommen fertig mit den Nerven."

Valerie benötigt unbedingt jemanden, mit dem sie sich austauschen kann. Im Augenblick sieht sie keine Lösung aus der Situation, in die sie sich gebracht hat, herauszukommen.

Jetzt würden ja auch keine vermeintlich guten Ratschläge helfen wie:

„Ich an deiner Stelle ...“

Noch sind die geschehenen Ereignisse zu frisch, als dass eine Lösung greifbar wäre.

Bei Mia, Valeries bester Freundin, findet Valerie ein ‚offenes Ohr‘. Mia will nun erst einmal zuhören. Sie spürt, dass Valerie reden möchte. Sie will das Erfahrene ‚loswerden‘ und sich mit Mia austauschen.

Also fordert Mia Valerie auf zu berichten. Dabei will sie Valerie möglichst weder unterbrechen, geschweige denn wegen des Vorfalls tadeln.

Hören, Zuhören, Aktives Zuhören

Bei der akustischen Wahrnehmung werden drei Arten des Zuhörens unterschieden: Hören, Zuhören, aktiv Zuhören.

1. Hören

Eine Person hört draußen auf der Straße ein Auto vorbeifahren. Diese Information speichert sie nicht in ihrem Gehirn, da sie ihr nicht wichtig erscheint.

Deshalb wird sie sich später <u>nicht</u> an das vorbeigefahrene Auto erinnern können. Sie hat zwar das Auto wahrgenommen, kann sich aber im Nachhinein nicht daran erinnern.

Für den späteren Austausch zwischen Valerie und Mia wäre das einfache Hören nachteilig, da Mia die konkreten Informationen nicht erkennen könnte – sie hätte sie nicht gespeichert.

Die nächste Stufe der aktiven Wahrnehmung ist das Zuhören.

2. Zuhören

Eine Person hört zu, was ihr Gegenüber erzählt.

Aber tatsächlich wartet sie nur darauf, antworten beziehungsweise entgegnen zu können und legt sich bereits ihre verbale Erwiderung in Gedanken zurecht.

Damit schenkt sie ihrem Gegenüber nur bedingt Aufmerksamkeit.

Im Ergebnis kann es zu Missverständnissen kommen, weil sich beide nicht <u>richtig</u> verstanden haben.

Beispielsweise unterbricht Mia Valerie und erklärt, dass sie auch einmal einen extravertierten Chef hatte, der regelmäßig unangenehm laut wurde.

Ob Valerie diese Information in der aktuellen Situation helfen würde?

So ist die dritte Art der akustischen Wahrnehmung vorzuziehen:

3. Aktives Zuhören

Die Person hört aktiv zu. Bei jeder Aussage des Gesprächspartners versucht sie zu ergründen, <u>weshalb</u> der Gesprächspartner das äußert, was er sagt.

Was steckt hinter den Äußerungen? Es wird versucht, den Gesprächspartner zu verstehen.

Es gilt für die Person, aktiv und mitfühlend zuzuhören – ohne versteckte Signale des Missbehagens auszusenden.

Das ist gar nicht so einfach und erfordert eine gewisse Disziplin. Das aktive Zuhören kann trainiert und optimiert werden. Dabei helfen vier Fragen zum Training des aktiven Zuhörens:

1. Kann ich das, was ich aktiv höre, erst neutral auf mich wirken lassen, ohne gleich zu werten beziehungsweise zu beurteilen?
2. Entscheide ich mich bereits zustimmend oder ablehnend, während sich mein Gegenüber äußert, indem ich sichtbar nicke oder den Kopf schüttele?
3. Bringe ich die Bereitschaft mit, auch die Meinungen meines Gesprächspartners zu akzeptieren, ohne sie gleich als falsch abzustempeln.
4. Akzeptiere ich andere Meinungen?

Am besten so vorgehen:

1. Versuchen, Emotionales zu klären.
2. Mitschwingende Emotionen und Zwischentöne verbalisieren.
3. Vorsichtig aus der eigenen Perspektive formulieren.
4. Ein Klima der Verbundenheit schaffen.
5. Sich ich-bezogen äußern:

   „Ich habe den Eindruck, Sie ärgern sich ..."

   „Mir scheint, Sie sind verwundert ..."

Es wird erkennbar, dass Empathie – das Einfühlungsvermögen – gefragt ist. Es geht nicht darum, den anderen auszuforschen oder darum, ‚Fehler zu entlarven'.

Wichtiger ist, sensibel zu erkennen, was und weshalb der Gesprächspartner etwas äußert. Welches sind seine Beweggründe, so oder so zu sprechen?

Ist eine Aussage analysiert, kann ich-bezogen reagiert werden.

Daraufhin kann die Person detaillierter formulieren. Nach und nach kann sich den ‚wunden' Punkten genähert werden. Dem Geschehenen kann auf den Grund gegangen, ein nun folgendes mögliches Vorgehen geplant werden.

Strukturieren und Beobachten

Das klingt alles ziemlich technisch. Das mag sein. Tatsächlich können die Formulierungen eine Hilfestellung sein, einander besser zu verstehen.

Die fantastische Vielfalt, wie Menschen miteinander kommunizieren können, ist beeindruckend. Kein Wunder, dass aufgrund dieser Vielfältigkeit Missverständnisse entstehen können.

Wer diese möglichst vermeiden möchte, kann seine Sätze wohlüberlegt und strukturiert äußern. Durch das Beobachten des Gesprächspartners kann oft erkannt werden, ob er verstanden hat.

Auf eine klare Kommunikation!

Trost spenden

Jan-Lucas Frau Angela ist nach schwerer Krankheit mit nur vierundvierzig Jahren gestorben. Jan-Luca ist verzweifelt. Zwischen Diagnose und Tod lagen gerade mal sechs Monate.

Jan-Luca weint sich sozusagen die Augen aus. Er ist verzweifelt und sieht keine Perspektive für seine Zukunft.

Er fühlt sich hilflos und benötigt unbedingt Trost. Jan-Lucas Freund kann Trost spenden.

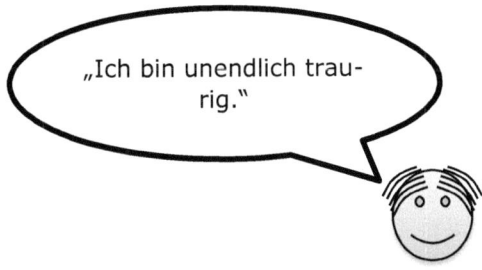

„Ich bin unendlich traurig.“

Das Wort Trost kommt aus dem griechischen Wort ‚paregoria‘, welches für ‚Zuspruch‘, Ermahnung‘, ‚Ermutigung‘ steht.

Zuspruch ist in solch einer Situation gefragt. Späterhin auch Ermutigung, zum Beispiel positiv in die Zukunft schauen. Eine Ermahnung kann beim Trösten unberücksichtigt bleiben.

Traurigkeit

Jemand trauert, da er körperlichen oder seelischen Schmerz empfindet. Wendet sich jemand dieser Person zu, könnte er Trost spenden.

Das Ziel ist es, dass durch das Spenden von Trost die Traurigkeit des zu Tröstenden schwächer wird und die Person gleichzeitig wieder ermutigt wird.

Durch die Traurigkeit zeigt die trauernde Person, dass sie einerseits emotional stark betroffen ist und andererseits – daraus folgend – gerade augenblicklich gesellschaftlich und beruflich schwach dasteht beziehungsweise Schwäche zeigt.

Jeder, der will, kann Trost spenden, auch wenn es ihm manchmal ‚peinlich' erscheint. Manchmal hat er Angst, fühlt sich hilflos, unsicher oder ist möglicherweise selbst betroffen.

Zuwendung

Dabei hilft oft bereits die ernst gemeinte Zuwendung zur zu tröstenden Person.

Nicht immer muss das Mitgefühl in Worte gefasst werden. Ein Berühren der Hand, des Armes oder gar das Umlegen eines Arms um die Schulter bis hin zu einer Umarmung, je nachdem wie gut der Tröstende das Gegenüber kennt, drückt bereits deutlich die Zuwendung aus.

Leere Floskeln wie „Ist doch alles nicht so schlimm" oder „Das geht schon vorbei" helfen dem Betroffenen hier nicht. Für ihn ist es nun mal gerade schlimm. Deswegen ist er ja traurig.

Noch unangenehmer sind kritische Äußerungen wie beispielsweise „Jetzt stell' dich mal nicht so an. Das ist anderen auch schon passiert." Mit solchen Äußerungen kann der Trauernde tief getroffen werden und gegebenenfalls macht sich ihm der Tröstende sogar zum Feind.

Immerhin geht es im Austausch gerade um die betroffene Person in Trauer und nicht um die andere.

Möglich ist aber zu sagen „Mir fehlen die Worte" oder „Ich weiß gar nicht, was ich sagen soll."

Gut sind Aussagen, die ich-bezogen geäußert werden:

- „Ich bin äußerst betroffen, von diesem Schicksalsschlag zu erfahren."

- „Es tut mir leid, dich in dieser Trauer zu sehen."

- „Ich wünsche dir alle Kraft, die du jetzt brauchst."

Der Tröstende sollte allerdings vermeiden, Vergleiche mit eigenen Gefühlen herzustellen:

- „Ich verstehe, wie du dich fühlst."

Zuerst einmal ist nicht sicher, ob die tröstende Person tatsächlich dieselben Gefühle wahrnehmen kann. Weiter ist der Traurige in der Regel so stark betroffen, dass ihm die eigenen Gefühle – nachvollziehbarerweise – wichtiger sind und intensiver wahrgenommen werden, als auf andere zu übertragen wäre.

Tipps für den Tröstenden

Einige Tipps, wie jemand im Fall des Falles trösten kann.

Versuchen, sich in die Lage des Trauernden zu versetzen. Wie mag er sich gerade fühlen, welche Gedanken gehen ihm durch den Kopf?

Einen Rollenwechsel vornehmen: Was würde dem Tröstenden helfen, wäre er in vergleichbarer Lage? Vielleicht war er selbst einmal in einer Situation, in der ihm andere Trost spenden konnten. Was hat damals geholfen?

Dem Betroffenen signalisieren oder offen zeigen, dass die Bereitschaft zu helfen besteht, wenn es denn gewünscht ist.

- „Bitte sage mir ehrlich, was ich für dich tun kann."
- „Wie darf ich dir helfen?"

> „Bitte lass mich wissen, wie ich unterstützen darf."

Falls sich der Tröstende selbst in dieser traurigen Situation hilflos oder gar überfordert fühlt, ist das nachvollziehbar. Er hat ja auch Emotionen. Deshalb ist es überhaupt nicht schlimm, wenn er selbst auch ‚schwach' wirkt. Das macht überhaupt nichts.

Viel wichtiger ist die Erkenntnis für den anderen, dass ihm Hilfe und Mitgefühl angeboten werden.

Zeit nehmen, zuzuhören

Es ist für den Tröstenden nicht unbedingt wichtig zu reden und zu reden und zu reden. Vielleicht ist gerade das Schweigen oder noch mehr das Zuhören viel wichtiger.

Am besten zeigen, dass jemand da ist und zuhören will.

Dem Tröstenden vermitteln, dass genügend Zeit für ihn beziehungsweise seine Belange aufgebracht werden kann.

Sogenannte gut gemeinte Ratschläge sind in der Regel fehl am Platze. Wenn überhaupt, wandelt der Tröstende einen Vorschlag in eine Frage.

- „Wäre es in Ordnung für dich, wenn ich uns eine Kleinigkeit zu essen bestelle/herrichte?"

- „Meinst du, wir sollten Frau xxx informieren?"

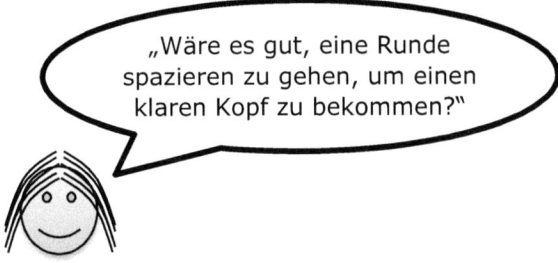

Die Reaktion des Getrösteten

Die meisten Menschen reagieren in der Kommunikation bei vergleichbarer Situation sensibel. In solchen traurigen Momenten oft noch viel sensibler als sonst.

Ein unbedachtes Wort, das ‚falsch' gewertet wird – und schon kann Ungewolltes geschehen. Dieses Risiko bleibt nicht aus; kaum jemand kann die Reaktion des zu Tröstenden vorhersehen.

Reagiert die betroffene Person abweisend auf die Versuche, Trost zu spenden, nicht frostig oder gar aggressiv werden.

Der Tröstende gibt seinem Gegenüber das Recht, sich so zu verhalten, wie er sich gerade verhält. Höchstwahrscheinlich ist er in einer Extremsituation, mit der er selbst nicht umgehen kann. Die Emotion übertrumpft das rationale Denken.

Er wünscht sich jetzt alle Zeit, die er braucht, um seinen erfahrenen Schmerz ordnen zu können. Die soll er sich nehmen.

Durch den empfundenen Trost trägt der Tröstende dazu bei, dass der Traurige einen Weg findet, bald wieder lächeln zu können.

Geduld und Zeit helfen.

Weinen

Es ist noch gar nicht lange her, da wurde schon kleinen Jungs belehrt: „Männer dürfen nicht weinen."

Glücklicherweise hat die Gesellschaft erkannt, dass ein jeder das Recht darauf hat, seine Emotionen ausleben zu dürfen.

Wenn jemand weinen will oder muss, dann soll er das auch tun dürfen. Weinen ist ein Ausdruck von Gefühlsempfindungen. Und natürlich haben auch Männer Gefühle, die sie zeigen können.

Ärgert sich jemand aufgrund eines schlimmen Schicksalsschlags, ist er verzweifelt, wütend, oder handelt es sich um den Ausdruck phänomenaler Freude? Tränen kullern die Wangen hinunter.

Weint ein Mensch, wirkt er auf andere schwach und schutzbedürftig. Er erregt das Mitgefühl seines sozialen Umfeldes, das sich dann möglicherweise um ihn kümmern wird.

Das Gefühl der Zuneigung hilft dem Weinenden, seine Trauer überwinden zu können.

Niemand sollte sich demnach schämen, wenn er im Todesfalle, zum Beispiel im Abschiedsraum oder während der Beerdigungsrituale eigene Gefühlsregungen offenbart und beispielsweise heftig weinen muss.

Das Herz trauert

Es trauert mit dem Menschen. Also mit dem Trauernden und gegebenenfalls auch mit dem Tröstenden.

Es ist fair, einem ansonsten strahlenden und positiv eingestellten Menschen auch die Möglichkeit einzuräumen, traurige Gefühle wahrzunehmen – und zu zeigen.

Immerhin ist er ein Mensch und keine Maschine. Solange die Gesellschaft überwiegend mit Menschen zu tun hat, sind Gefühle umso wichtiger.

Diese beruhen nun mal auf der gewünschten Menschlichkeit – und nicht etwa auf der ‚Maschinlichkeit'.

Loben

Simon ist ein introvertierter (nach innen gekehrter) Typ. Auf andere wirkt er still und zurückgezogen. Er arbeitet sehr gewissenhaft und ist manchmal sehr detailversessen.

Seine Kollegen verstehen nicht genau, was beziehungsweise woran Simon arbeitet. Bei Nachfragen gibt er zwar Erklärungen, die seinen Kollegen allerdings nicht weiterhelfen.

Sein Kollege Achim – manche sprechen von einer Art Freundschaft der beiden zueinander – erkennt die Fähigkeiten Simons. Er nimmt sich die Zeit, sich genau erklären zu lassen, woran Simon arbeitet.

Schlagartig wird ihm klar, dass Simon einen genialen Weg erkannt – und auf dem Papier umgesetzt hat –, der in der Produktion drei Arbeitsschritte kombiniert. Auf diese Weise werden Zeit und Energie gespart, was schließlich auch Kosten einspart.

„Das ist doch toll", ruft Achim erfreut aus und ergänzt: „Das ist ja ein Ding, Simon! Damit kann das Unternehmen viel Geld sparen!"

„Ach, ich weiß nicht", windet sich Simon. „Ich müsste noch ..."

„Nein", unterbricht ihn Achim. „Du gehst jetzt auf der Stelle zur Chefin und stellst deine Idee vor!"

Erschrocken antwortet Simon: „Nein, das kann ich nicht. Ich müsste noch einmal durchkalkulieren, ob ..."

„Nein, nein, nein, Simon. Jetzt gehst du los. Ich begleite dich bis zur Bürotür der Chefin."

Diese kleine Hilfestellung will Achim leisten, da Simon sich sonst nicht überwinden könnte.

Wie wird gelobt?

Üblicherweise motiviert ein ehrlich gemeintes Lob und erzeugt einen gewissen Schubs.

Tatsächlich lässt sich Simon darauf ein und begibt sich zur Chefin. Dort stellt er seine Idee vor. Die Chefin ist zunächst nachdenklich, erkennt aber schließlich die Optimierungsmöglichkeit.

Sie sagt:

„Ich finde Ihren Vorschlag konstruktiv. Wir können Geld sparen. Bravo!"

In der althochdeutschen Sprache gibt es ‚lobon' und ‚loben'. Gemeint ist damit etwas ‚für lieb halten' und ‚gutheißen'. Das Umgesetzte wird für richtig, für gut gehalten. Es wird gutgeheißen.

Damit es zum Lob kommt, muss eine Person handeln. Das Ergebnis ist so gut, dass es ‚gutgeheißen', also für gut befunden, wird.

Synonyme für Loben sind: ermuntern, anerkennen, bestätigen, positiv kritisieren, Zufriedenheit/Freude zeigen.

Ein Lob puscht

Ein richtig platziertes Lob ‚puscht' den Gelobten, da er sich in seinem Handeln bestätigt sieht.

Wird zu häufig gelobt, flacht das Lob ab. Wird zu selten gelobt, kann sich eine Art De-Motivation einstellen.

Es scheint demnach gar nicht so leicht, richtig zu loben.

Wird glaubhaft und im richtigen Moment das Lob ausgesprochen, ist es sehr wertvoll.

Lobt eine Vorgesetzte oder ein Vorgesetzter beispielsweise in einem Meeting einen Vorschlag überschwänglich und sofort, haben diejenigen, die möglicherweise Vorbehalte gegen diesen Vorschlag äußern wollten, es nun deutlich schwieriger, genau ihre Bedenken zu äußern.

Erfolgt das Lob unter vier Augen, ist es gut. Erfolgt es vor hunderten Menschen, zum Beispiel bei der Verleihung eines Ordens für besondere Verdienste, wird das Lob noch wertvoller. Immerhin haben viele andere gehört, weshalb gelobt wurde.

Indirekt kann es einen Reiz auslösen, sich selbst (mehr) anzustrengen, um ebenso ein Lob oder eine Auszeichnung zu erhalten.

Neid

Andererseits kann bei den anderen (nicht gelobten Personen) Neid entstehen. Besonders dann, wenn sie das Lob für übertrieben ansehen. Oder dann, wenn sie den Eindruck haben, dass immer wieder dieselbe Person gelobt wird und somit vor anderen besser dargestellt wird.

Deshalb sollte für alle klar sein, dass ein bestimmtes <u>Verhalten</u> gelobt oder die Person selbst gelobt wird.

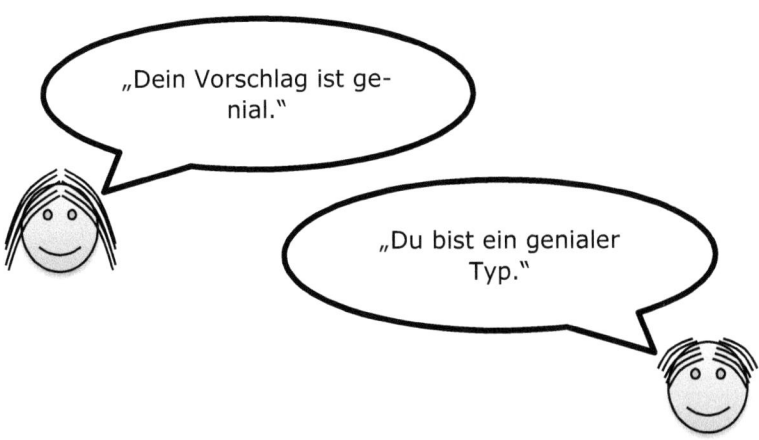

Bei geäußerter Kritik gilt Vergleichbares. Meist wird nicht die Person kritisiert, sondern ihr Verhalten.

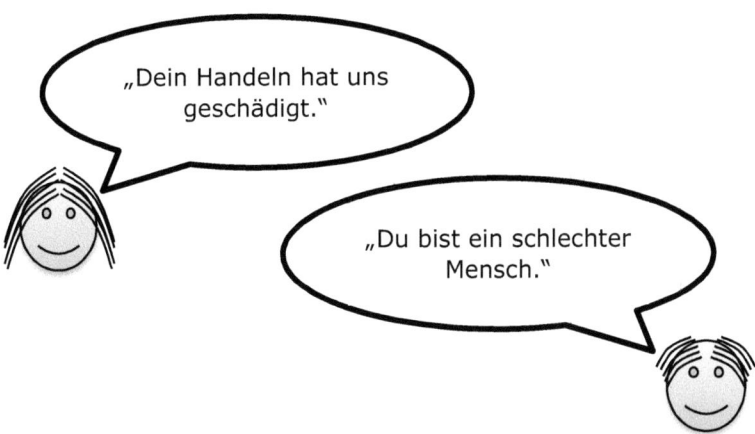

Hilfreiches Verhalten im Gespräch

Bei der kommunikativen Hilfsbereitschaft helfen noch einige weitere Verhaltensweisen. Einige werden hier dargestellt.

Kongruente Botschaft

Unter Kongruenz (lat. ‚congruentia' für ‚Übereinstimmung') wird eine Übereinstimmung zwischen verbaler und nonverbaler Nachricht verstanden.

Miteinander redende Menschen sollten möglichst authentisch und wahrheitsgetreu miteinander kommunizieren. Gelingt ihnen das, stimmt das gesprochene Wort mit dem nichtgesprochenen (der Körpersprache) überein.

In diesem Fall kann von einer kongruenten Botschaft gesprochen werden. Andernfalls liegt eine inkongruente Botschaft vor: Körpersprache und gesprochenes Wort stimmen nicht miteinander überein.

Beispielsweise sagt jemand „Mir geht es gut" und schaut dabei traurig auf den Boden. Der Fragende wird nun irritiert sein, da das körpersprachliche Erscheinungsbild nicht mit dem gesprochenen Wort übereinstimmt.

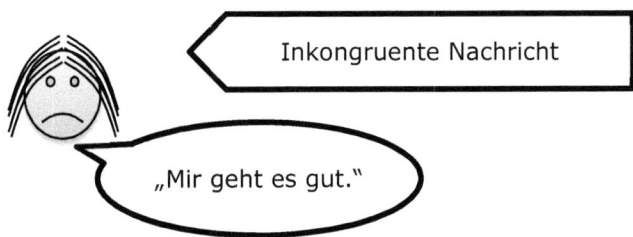

Wer seinen Gefühlen entsprechend spricht, schafft in der Regel eine kongruente Nachricht.

Richtig verstehen

Es ist klargeworden, dass es vollkommen egal ist, ob einer 1.000 Mal etwas sagt, ohne dass es der andere versteht. Viel wichtiger – vielleicht sogar am wichtigsten – ist, dass der Gesprächspartner den anderen versteht.

Und zwar ‚richtig' versteht, nämlich so, dass er tatsächlich weiß, was er ihm vermitteln will.

Dass dazu eine ordentliche Portion Einfühlungsvermögen – hier Empathie – gehört, gilt als eine ausschlaggebende Voraussetzung.

Wo immer dieses Verstehen aufgrund subjektiver Beeinflussung geschwächt wird, kann es zu deutlichen Missverständnissen und Misserfolgen kommen.

Nicht vergessen – das gilt für beide Richtungen: Von der einen Person aus zum Gesprächspartner genauso wie umgekehrt.

Daraus folgt, dass Nachfragen nicht als Angriffe zu werten sind. Durch die Möglichkeit, Nachfragen vertieft oder mit anderen Worten erklären zu können, steigt die Chance, die Ideen noch besser zu erläutern.

Gegenseitiger Respekt

Um Dialoge zu einem erfolgreichen Ergebnis zu bringen, bedarf es einerseits der fachlichen Kompetenz, andererseits auch des gegenseitigen Respekts.

Die Wertschätzung des Gesprächspartners ist hoch anzusehen.

Vielleicht mag eine Person nicht dessen fachliche Aussagen oder Ideen des anderen, die aber nicht zwangsläufig etwas mit ihm selbst – nämlich mit ihm als Mensch – zu tun haben.

Die Person ist Profi genug, um das Fachliche vom Menschlichen zu trennen.

Es ist vollkommen egal, welche berufliche Position oder welchen gesellschaftlichen Status ein Mensch einnimmt. Er ist gleich viel wert.

Wertschätzung

Im Sinne der Wertschätzung sind alle Menschen gleich. Jeder hat das Recht, wertgeschätzt zu werden. Deshalb soll mit allen fair umgegangen werden.

Es spielt keine Rolle, ob ein Gespräch mit dem Auszubildenden, dem Geschäftsführer, dem Kritiker oder dem Bewunderer geführt wird.

Jeder soll auf vergleichbare Art und Weise professionell behandelt werden.

Es gilt, sich von Antipathien und Vorurteilen zu lösen. Dabei hilft, zwischen dem Fachlichen/Sachlichen und dem Emotionalen/Menschlichen zu unterscheiden.

Verhalten im Gespräch

Es wird unterstellt, dass eine Person im Dialog mit dem Gesprächspartner zu einem (gemeinsamen) Ziel kommen will.

Um mit einem vernünftigen Ergebnis das Gespräch zu beenden, wird der Gesprächspartner als gleichwertiger Mensch betrachtet. Für jede Dialogform gilt:

1. Ich zeige Respekt

Es reicht nicht, den Gesprächspartner nur zu akzeptieren – die Person versucht, sich in die Gedankenwelt und die Perspektive des Gesprächspartners zu versetzen.

2. Ich bin offen

Die Person ist offen für neue, andere oder auch ihren Vorstellungen widersprüchliche Ideen.

Sie öffnet sich neuen Überlegungen, Ideen und Meinungen.

3. Ich bin ehrlich

Die Person erwartet, dass sie von ihrem Gesprächspartner nicht angelogen wird. Dasselbe darf er von ihr erwarten.

Deshalb ist sie ehrlich in ihren Aussagen.

Sie äußert – in korrekter Form – das, was sie tatsächlich bewegt oder belastet.

4. Ich bin natürlich

Die Person verzichtet darauf, sich eitel oder arrogant zu zeigen beziehungsweise darzustellen.

Sie hat es nicht nötig, mit Fremdwörtern zu protzen, intellektuelle Spielchen in den Dialog zu bringen oder sich auf höhere Autoritäten zu beziehen.

Sie muss weder versteckt noch offen drohen.

Sie baut keine Feindseligkeiten auf.

Wer den meisten oder gar allen Punkten zustimmen kann, ist auf dem richtigen Weg eines Austauschs mit Herz.

Die Auflistung enthält einige Ratschläge, die als Hilfestellung zu sehen sind und die helfen sollen, die zwischenmenschliche Kommunikation zu erleichtern. Dadurch kann ein Gespräch herzlicher, gefühlvoller geführt werden, ohne die Professionalität zu beeinträchtigen.

Vielleicht führt solch ein Verhalten zu einem schnelleren Abschluss und einer langfristigen Zusammenarbeit.

Zumindest zeigt sie das Angebot der Hilfsbereitschaft.

Nicht nur Hilfesuchende, Schüchterne, ‚Unbedarfte' finden es höchstwahrscheinlich angenehm, im Gespräch nicht dominiert zu werden.

Die vermittelte Gleichwertigkeit baut auf, unterstützt und produziert eine angenehme Atmosphäre.

Wörter lösen Emotion aus

Hier wird von affektiver Bedeutung eines Wortes gesprochen. Darunter wird die emotionale Reaktion bezeichnet, die das Wort nach sich zieht.

Wörter lösen Gefühle aus

Natürlich ist kein Wort ‚schlecht' oder ‚gut'. Allerdings beeinflussen Wörter den Zuhörer.

Manche Wörter sind als ‚ungut' im Gedächtnis gespeichert (zum Beispiel das Wort Körpergeruch), andere Wörter erzeugen eher einen angenehmen Effekt (wie das Wort Duft).

In einem Überzeugungsgespräch muss nicht nur die Struktur stimmig sein, das Ziel genannt werden und die Wortwahl vernünftig gewählt sein, sondern auch eine gute Stimmung erzeugt werden.

Die gute Stimmung baut selbstverständlich auch der Gesprächsteilnehmer durch sein menschliches und authentisches Auftreten auf.

Ein wenig Psychologie kann helfen, noch besser und überzeugender dazustehen. Nämlich mithilfe gezielt gewählter Wörter, die passend und fließend in die Präsentation eingefügt werden.

Herzliches und wohlwollendes Gefühl

Um verständlicher zu machen, was Wörter positiv ausdrücken können, werden hier einige Beispiele genannt.

Manche Begriffe lösen bei den meisten Menschen ein unangenehmes, andere ein angenehmes und wohlwollendes Gefühl aus.

Statt schlecht, abfallen, gewalttätig, statt sorgen, fürchten, flüchten, statt Kälte, Angriff, Angst lieber:

Positive Adjektive wie: stark, erfolgreich, sonnig, farbenfroh, schnell, schmackhaft, glänzend, adrett, zielorientiert, pflichtbewusst, dynamisch, mutig, liebenswert, herzlich, geschmeidig, flink, flexibel, kreativ, zukunftsorientiert und viele andere mehr.

Positive Verben wie: bewegen, erreichen, erhalten, entscheiden, gewinnen, errichten, lachen, ankommen, überraschen, überreichen, würdigen, ehren, auszeichnen, loben, gönnen, unterstützen, erzielen und viele andere mehr.

Positive Nomen wie: Lob, Anerkennung, Applaus, Geschenk Ziel, Gewinn, Auszeichnung, Urlaub, Glanz, Sauberkeit, Ruhe, Freude, Neugierde, Erfolg, Herz, Feinheit, Eleganz, Übersichtlichkeit, Genuss und viele andere mehr.

Bringt jemand in einem Dialog Begriffe wie Angst, Arbeitslosigkeit, Schulden, Depression und ähnliche ein, zwingt er das Gespräch in eine bestimmte Richtung.

Es wäre keine Überraschung, würden die Anwesenden nun darüber klagen, wie teuer, gefährlich und schlecht das Leben geworden ist.

Besser Wörter verwenden wie Spaß, Lachen, Erfolg, Freude. Das Gespräch hilft, eine positive Einstellung zu artikulieren. Die Gesprächssituation wird in eine angenehme Atmosphäre gebracht.

Es gibt allerlei Möglichkeiten, aus einem negativ konnotierten Gespräch ein harmonisches, aus einem sachlich nüchternen Gespräch einen herzhaften Dialog zu gestalten. Jeder, der will, kann dazu beitragen.

Gesellschaftliche Hilfsbereitschaft

Sitten, Bräuche und Etikette leben lassen

„Immer hält das Herz den Verstand zum Besten."
François VI. de La Rochefoucauld, frz. Offizier
(1613 - 1680)

Den Verstand zum Narren halten

Der zitierte französische Offizier François VI. de La Rochefoucauld ist der Meinung, dass das Herz den Verstand austricksen kann. Ein Hoch auf das Herz! Wie kommt er zu dieser Überlegung?

Das Zitat stellt die Anwesenheit des Verstandes keineswegs infrage. Es lässt nur vermuten, dass das Vorgehen des Herzens pfiffiger ist.

Zumindest führt es den Verstand schon mal an der Nase herum oder macht sich lustig über ihn. Letztendlich wird das herzhafte Umgehen gewinnen – zumindest nach Aussage des Zitats. Wie einfach und vielleicht auch beruhigend wäre es, würde überall nur das Herz die Weichen des Lebens stellen.

Herzensfreude, herzallerliebst,

Tatsächlich ist nicht alles ,Friede, Freude, Eierkuchen' beziehungsweise ,Herzensfreude, herzallerliebst' in der hiesigen Gesellschaft.

Wie eingangs schon erwähnt, klagen viele Menschen über ‚die Verrohung der Sitten' und meinen damit den unhöflichen Umgang miteinander. Sie ahnen eine drohende Anarchie (Gesetzlosigkeit), zumindest in Bezug auf den zwischenmenschlichen Umgang.

Beobachtet wird mehr und mehr sowieso ein distanzierter Umgang. Jeder scheint für sich, recht egoistisch, seine eigenen Ziele anzustreben.

Gegenseitige kleinste Hilfestellungen wie beispielsweise eine Tür aufhalten, scheinen eine Ausnahme zu werden. Unfreundlicher Umgang, vorzugsweise im Bereich der Dienstleistung und gegenüber helfenden Kräften (Polizei, Feuerwehr, Krankendienste und andere) wird zunehmend kritisiert.

Ein herablassender und fordernder Tonfall von ‚oben nach unten' nimmt zu. Beleidigungen und lautstarke Kritik führen zu tätlichen Übergriffen. Hassbeiträge und Drohungen gegen Stars und Politiker sind alltäglich geworden.

Verstärkt erweckt es den Eindruck, jeder denke und handele nur noch für sich und seine Ziele. Die zwischenmenschliche Herzlichkeit scheint verloren zu gehen. Es erweckt den Anschein, ein gewisses herzloses Verhalten nehme überhand.

Die Hand reichen

Glücklicherweise gibt es nach wie vor genügend Personen, die sich diesem gefühlten Abwärtstrend entgegenstellen.

Das sind einmal diejenigen, die schon immer eine positive Lebenseinstellung genießen. Sie lassen andere an ihrer guten Laune teilhaben, lachen und bauen schnell eine gute Atmosphäre auf.

Sie pflegen freundliche und höfliche Umgangsformen und sorgen somit für ein angenehmes Wohlfühlen. Genauso wie die herzensguten und hilfsbereiten Menschen, die sich um andere sorgen.

Und tatsächlich gibt es eine Gruppe anderer Menschen, die nicht akzeptieren wollen, dass das Miteinander zunehmend kälter wird.

Ganz gezielt stellen sie sich der Aufgabe, engagieren sich im Ehrenamt, helfen Nachbarn und unterstützen gezielt Vereinsarbeit. Sie sind an vielen Orten als helfende Kräfte zu finden.

Manche gehen auf die Straße, um zu demonstrieren. Zumindest wollen sie vermitteln, dass nicht nur das gesellschaftliche Schlechte da ist, sondern auch das umgangsmäßige Gute.

„Wir sind hier!"

Umgang erklären und vorleben

Manche Eltern sind nach wie vor der Meinung, dass ihre Jüngsten sich beliebig verhalten dürften, ungeachtet bestimmter Regeln und Bedürfnissen anderer Menschen in ihrem Umfeld.

Anders vorgehende Menschen erziehen ihre Kinder (ebenso) zu selbstbewussten Individuen und helfen ihnen, ihre Stärken auszubauen.

Gleichzeitig vermitteln sie ihnen, dass sie ein Teil der Gesellschaft sind.

Sie bringen ihnen bei – durch Erklärung und durch Vorleben – wie der soziale gesellschaftliche Umgang mit allen seinen guten Umgangsformen abläuft.

Sie zeigen, dass nicht nur eigene Interessen uneingeschränkt gelten, sondern dass andere Personen auch Wünsche und Ziele haben, sowie bestimmte Vorstellungen des Zusammenlebens.

Sie fordern Rücksichtnahme auf die Bedürfnisse und Sichtweisen anderer. Tja, es geht noch weiter: Nämlich anderen aus der Gesellschaft die Hand zu reichen und Hilfestellung zu geben.

Es ist (also) nach wie vor möglich, zwischenmenschliches Benehmen zu leben und zu erleben.

Vorteile der Gemeinsamkeit

Solches aufeinander Zugehen sollte das Herz erfreuen, zeigt es doch, dass die zeitgemäßen Umgangsformen nicht verloren gegangen sind. Schön, dass Menschen erkennen, welche Vorteile das Zusammenleben in einer harmonisch funktionierenden Gesellschaft bietet.

Vielleicht muss hin und wieder darauf hingewiesen werden, dass ein Mensch (s)ein soziales Umfeld benötigt, um sich gut entwickeln zu können. Allein ist der Mensch bekanntlich kaum überlebensfähig.

Etwas mehr Achtung und Wertschätzung füreinander, etwas mehr Freundlichkeit und kleine Hilfestellungen – schon klappt das Miteinander reibungslos. Es klappt nicht nur besser, es wird auch angenehm und herzlicher.

Das Leben wird lebenswerter.

Positive Gegenseitigkeit

Aus einer Vielzahl möglicher Themen in diesem Bereich sollen drei Situationen hervorgehoben werden:

Gegenseitig achten: Der Patient betritt – ohne anzuklopfen – das Wartezimmer, in dem bereits mehrere Wartende Platz genommen haben. Ohne Gruß legt er seine Garderobe ab, zieht sein Handy aus der Hosentasche, nimmt Platz und wählt eine Telefonnummer. Entspricht dieses Vorgehen der Achtung anderer?

Gegenseitig berücksichtigen und Rücksichtnahme: Die abbiegende Autofahrerin hat die Radfahrerin übersehen. Schwerverletzt liegt die Radlerin nun im Krankenhaus. Lässt sich sagen: Ist der Straßenverkehr ein tödlicher öffentlicher Platz?

Gegenseitig helfen: Die ‚Alten' verstehen die ‚Jungen' nicht. Umgekehrt klappt es sowieso nicht. Gehen Erfahrungswerte für immer verloren? Muss das Rad jeweils neu erfunden werden? Schulterzucken über die Generationen-Lücke? Liegen Sprachlosigkeit und Hilflosigkeit vor?

Genaugenommen ist es gar nicht so schwierig, eine hilfsbereite Gegenseitigkeit zu zeigen und zu leben. Ohne Anstrengung kann sich in Richtung einer Gemeinsamkeit orientiert werden.

Schon durch das kleinste Einbringen einer gesellschaftlichen Zuwendung, ist der erste Schritt getan.

Viele kleine erste Schritte von vielen Menschen bewältigen/überwinden eine große Distanz auf andere zu.

So heißt es, den ersten Schritt zu gehen.

Gegenseitig achten

Es darf unterstellt werden, dass die wenigsten Menschen gerne ihre Zeit beim Arzt verbringen. Sie fühlen sich sowieso aufgrund der gesundheitlichen Einschränkung unwohl und möchten lieber nach Hause, um dort im Bett ihre Krankheit auskurieren zu können.

Aber erst einmal sind sie ins überhitzte Wartezimmer gepfercht, wo einige Erkrankte husten und schniefen und Bakterien die Chance nutzen, auf andere menschliche ‚Wirte' zu wechseln. Die Wartezeit scheint unerträglich lange.

Der nächste Patient betritt – das Wartezimmer – ohne anzuklopfen. Missbilligend schaut er auf die bereits Anwesenden, so, als würde er ihnen einen Vorwurf machen, dass für ihn nun eine längere Wartezeit ansteht.

Er steuert auf den letzten freien Sitzplatz zu, während er sein Handy aus der Hosentasche zieht, um eine Verbindung herzustellen.

Kaum hat er Platz genommen, meldet sich sein angerufener Kontakt. Unbeeindruckt telefoniert der Patient nun in den nächsten Minuten und diskutiert ausführlich ein Thema, das für die anderen vollkommen belanglos ist.

Wie ist solch ein Verhalten einzuordnen? Wohlgemerkt von einem Erwachsenen, von dem bestimmte Verhaltensmuster erwartet sein dürften. Achtet oder beachtet er die Interessen der anderen?

Oder lässt sich solch ein Verhalten sogar als Missachtung der Anwesenden bezeichnen?

,Links' liegen lassen

Enkel Nico besucht mit seiner Mutter Oma und Opa. Kaum ist die Wohnungstür geöffnet, saust er auf die Oma zu, herzt und umarmt sie. Er gibt ihr mehrere Küsschen. Hat er den Opa vergessen?

Der Opa fühlt sich missachtet.

Der Flug ist ausgebucht. Fast alle Passagiere haben ihren Sitzplatz eingenommen. Fast alle. Ziemlich am Ende der Platzierung kommt der für den Mittelplatz Vorgesehene. Die zum Gang sitzende Person schnallt sich ab, steht auf und lässt ihren Sitznachbarn durchrutschen.

Dieser verzichtet auf jeglichen Gruß oder ein ,Danke' ausdrückendes Lächeln.

Obwohl er Arm an Arm – poetisch ausgedrückt: Herz an Herz – mit den Nachbarn rechts und links sitzt, redet er während des kompletten Flugs kein Wort mit den anderen.

Natürlich gibt es beim Ausstieg auch keine Verabschiedung. Welche Erfahrungen bringen einen Menschen zu solchen Verhaltensmustern, die von anderen Passagieren fast schon als abstoßend bezeichnet werden könnten?

Intime Nähe

Sitznachbarn in Zügen, Bussen, Flugzeugen und ähnlichen Verkehrsmitteln verbringen eine begrenzte Zeit unmittelbar nebeneinander. Diese ungewohnte Enge kann beinahe zu einer intimen Nähe zwingen.

Umso wichtiger ist eine sympathische Ausstrahlung notwendig, die diese erzwungene Nähe verträglich macht.

Begrüßung und Verabschiedung

Um eine freundliche Stimmung bemühte Menschen grüßen beim Eintreffen und Verabschieden sich beim Erreichen des Ziels.

Auch bei kulturellen Veranstaltungen in Stadien, Kinos, Theatern wird der Sitznachbar freundlich gegrüßt.

Nach dem Ende der Vorstellung erfolgt eine freundliche Verabschiedung. Manche Zuschauer tauschen sich kurz über das Gesehene aus.

Dieses Vorgehen zeigt eine gewisse Gemeinschaft (die wiederum in der sozialen Gesellschaft und zur Stärkung dieser wichtig ist) und/oder verkürzt die oft entstehende Wartezeit, die die aufbauende Warteschlange der Herausgehenden entstehen lässt.

Achten und Beachten

Dass Enkel Nico seinen Opa links liegen lässt, mag seiner Zugeneigtheit zur Oma geschuldet sein. Dem Opa gegenüber ist das Vorgehen natürlich nicht fair.

Auch bei anderen Gelegenheiten, zum Beispiel beim Smalltalk vor einer Veranstaltung, zeigt sich derjenige höflich, der nicht nur Bekannte grüßt, sondern auch Dabeistehende. Ein freundliches Zunicken und ein „Hallo" langen meist.

Wer vorgestellt wird, nennt seinen Vor- und Zunamen. Wo gewünscht, wird ein Handschlag ausgetauscht.

Beim Weggehen sich etwa so verabschieden:

„Auf Wiedersehen und noch einen schönen Tag."

Übrigens grüßen sich auch entgegenkommende Spaziergänger. Bei Wanderungen im Gebirge kann die Erinnerung an einen Vermissten überlebenswichtig werden.

Die Spaziergänger ‚erkennen' sich sozusagen durch den Gruß, was ihnen zu einem späteren Zeitpunkt ermöglichen sollte, sich an die Person(en) zu erinnern.

Aus dem gegenseitigen Achten wird ein Beachten.

Wer war zuerst da?

Wer einen kleinen Laden betritt, grüßt die Anwesenden. Diejenigen, die sich in den Geschäftsräumen aufhalten, haben die Verkaufsfläche vorübergehend ‚besetzt'.

Psychologisch betrachtet gehört sie vorübergehend ihnen. Der Dazukommende dringt nach dieser Überlegung ins bereits besetzte Gebiet – ohne böse Absicht – ein. Durch den Gruß offenbart er seine Friedfertigkeit.

Mit diesem gedanklichen Umweg wird das Verhalten des ins Wartezimmer eintretenden Patienten deutlicher. Die im Zimmer Wartenden haben bildlich gesehen das Wartezimmer besetzt.

Der Dazukommende klopft und (er)bittet sozusagen um die Erlaubnis zum Einlass beziehungsweise um Aufmerksamkeit. Beides wird ihm stillschweigend erteilt.

Nun müsste er grüßen, die Anwesenden erwidern den Gruß.

Telefonieren in dieser Konstellation gilt als störend und unhöflich. Es wäre für den Patienten keine Schwierigkeit, das Telefonat außerhalb der Praxis zu führen.

Interessanterweise ist es nicht üblich, dass sich Personen verabschieden, die zur Untersuchung gebeten werden. Wohl aber dann, wenn jemand nach der Konsultation das Wartezimmer der Praxis verlässt.

Vorbildlich verhalten sich erkältete Personen, auch die, die husten oder niesen müssen. Sie tragen (in geschlossenen Räumen) im Beisein anderer eine Maske. Sicher ist sicher.

Der Beachtete ragt aus der anonymen Masse

Ein abschließender Gedanke beim Aufeinandertreffen soll unterstreichen, dass Menschen von dem Gefühl profitieren, gesehen zu werden und für andere existent sind.

Der Beachtete ragt dadurch aus der Anonymität der Masse. Er wird zum erkennbaren Individuum.

Gerade in Zeiten, in denen überraschend viele Menschen unter Einsamkeit leiden, ist es schön, als Einzelwesen erkannt und – zumindest für einen kurzen Augenblick – beachtet zu werden.

Durch diese Beachtung wird eine kleine Hilfestellung gegeben. Der Beachtete hat es nun leichter, sich problemlos zu äußern oder gegebenenfalls eine Kommunikation zu starten. Das tut dem Herzen gut und es mindert das Gefühl der Einsamkeit.

Gegenseitig berücksichtigen

Die korrekt fahrende neunundsiebzigjährige Radfahrerin wurde übersehen. Die abbiegende vierundfünfzigjährige Autofahrerin hatte die Radfahrerin nicht wahrgenommen. War sie abgelenkt oder war die Radfahrerin im ‚toten Winkel'?

Fast ist der Grund egal. Denn: Die Rentnerin kämpft im Krankenhaus um ihr Leben.

Sascha Neumann schlendert durch die Fußgängerpassage. Er ist stressfrei, hat er doch ein paar günstige Einkäufe erledigen können. Ob er sich noch eine Tasse Kaffee gönnen soll?

Genau in diesem Moment rast ein E-Scooter-Fahrer von hinten kommend an seiner rechten Seite vorbei. Der Fahrer des E-Scooters berührt ihn. Sascha Neumann stürzt, einen lauten Schrei ausstoßend, zu Boden. Die Tasche mit seinen Einkäufen kullert ein paar Meter weiter.

Erschrockene Passanten eilen sofort zu Herrn Neumann, beugen sich über ihn und leisten Erste Hilfe. Sie zeigen Hilfsbereitschaft für den hilflos am Boden liegenden Sascha Neumann.

Der ‚rasante' E-Scooter-Fahrer ist verschwunden. Eine spätere Anzeige verläuft ergebnislos.

Drei Personen gehen nebeneinander auf dem Bürgersteig. Sie nehmen die komplette Breite des Weges ein. Eine entgegenkommende Passantin wird nicht beachtet. Im Gegenteil – sie wird genötigt, stehenzubleiben, damit die drei sich an ihr vorbeiwinden können.

Selbstverständlich grußlos. Wie herzlos ist die Welt geworden? Oder genauer gesagt, viele Menschen.

Der Außerirdische und das chaotische Gewimmel

Könnte ein Außerirdischer von oben auf die Aktionen in den Fußgängerpassagen und angrenzenden Straßen blicken, könnte er sehr wahrscheinlich keine Strategie erkennen, wie sich die Verkehrsteilnehmenden untereinander bewegen.

Viele Fußgänger folgen der Hauptausrichtung der Passage, wobei manchmal eine Art Rechtsverkehr zu erkennen ist. Andererseits kreuzen weitere Passanten die Hauptströme quer.

Zwischendurch bleiben Personen stehen, bilden Grüppchen, und nötigen andere, einen Bogen um sie zu gehen.

Wundersamerweise fahren E-Scooter und Radfahrer in gewagten Schlangenlinien durch die Menschenmassen. Manche von ihnen bewegen sich mit beängstigender Geschwindigkeit und anscheinend in der Hoffnung, dass ihnen niemand ‚in die Quere' kommt.

Dort, wo von PKW befahrene Straßen die Fußgängerbewegungen kreuzen, kommt es zu atemberaubenden Fast-Kollisionen zwischen den Verkehrsteilnehmern.

Zumindest wirkt es auf den staunenden Außenstehenden so. Der muss aufpassen, dass ihm nur beim Zuschauen vor Schreck nicht das Herz aussetzt.

Kommen im üblichen Straßenverkehr Stadtbahnen, Busse, Motorräder, Zustellfahrzeuge, Lkw und weitere Verkehrsmittel zum städtischen ‚Gewimmel' dazu, gleicht es fast einem Wunder, dass nicht mehr Unfälle passieren.

In den letzten Jahren erweckte es den Eindruck, dass es im Straßenverkehr immer weniger ein Miteinander, sondern eher ein Gegeneinander gibt.

So gut wie jeder macht sich geltende Rechte zu eigen. Manche PKW blockieren unbeeindruckt Kreuzungen, einige Fahrradfahrer ignorieren konsequent das rot leuchtende Ampellicht. Lieferfahrzeuge, Taxen, auch Privatleute halten in aller Selbstverständlichkeit in zweiter Reihe, um Ein- oder Ausstieg zu ermöglichen oder Ware auszuliefern.

Fußgänger rennen über die Straße, waghalsig durch den langsam fließenden Verkehr, um den Linienbus noch rechtzeitig zu erwischen.

Menschen quetschen sich mit dem Kinderwagen zwischen geparkten Autos und der Hauswand hindurch. Welch ein Stress! Welch Gefahrensituationen! Was muss das arme Herz aushalten?

Wie schnell steigt bei jemandem der Stress, sodass er ‚ausrastet', andere anschreit oder gar handgreiflich wird.

Belehren und beschimpfen?

Ist es leichter, den anderen zu belehren oder zu beschimpfen? Oder wäre es einfacher, den anderen zu berücksichtigen? Ihn mal in die Lücke vorfahren zu lassen, ohne starr zur Seite zu blicken oder ohne heftig zu hupen und zentimeternah aufzufahren?

Weshalb rasen, nötigen, andere und sich selbst in kritische Situationen bringen?

Lieber einmal durchatmen, tief Luft holen, und sich die Freiheit erlauben, einem anderen Vorrang zu gönnen. Ein Versuch ist es wert. Ist gar nicht so schlimm.

Wie schön, andere zu berücksichtigen. Berücksichtigung steht für Anerkennung und jemanden ernst zu nehmen. Durch die Anerkennung wird jemand einbezogen in die Gegebenheit, in die Gemeinsamkeit.

Akzeptiert werden muss der andere sowieso. Wie sieht es mit der Toleranz aus?

Toleranz

Die alten Römer verstanden unter Toleranz ‚tolerare', was so viel wie ‚erdulden' oder ‚ertragen' bedeutet.

„Ich erdulde den anderen", genügt für die heutige Bedeutung des Begriffs Toleranz nicht (mehr). Eine Duldung ist zu schwach. Der andere soll nicht nur ‚ertragen', sondern akzeptiert und respektiert werden.

Der deutsche Dichter Johann Wolfgang von Goethe (1749 – 1832) meinte: „Toleranz sollte eigentlich nur eine vorübergehende Gesinnung sein: Sie muss zur Anerkennung führen. Dulden heißt beleidigen."

Die UNESCO schreibt: Toleranz ist eine Tugend, die den Frieden ermöglicht und dazu beiträgt, die Kultur des Krieges durch eine Kultur des Friedens zu überwinden.

Und weiter: Toleranz fördert unabhängig zu werten, kritisch zu denken und moralisch zu urteilen.

Aus der Erklärung der Mitgliedstaaten der UNESCO zum Thema Toleranz. Art. 1.1: „Toleranz bedeutet Respekt, Akzeptanz und Anerkennung der Kulturen."

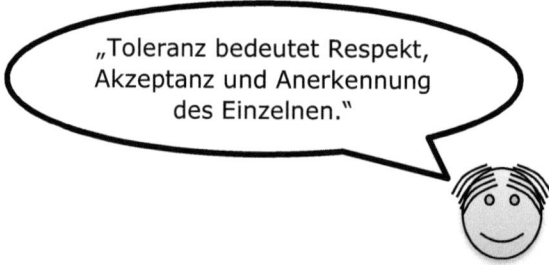

„Toleranz bedeutet Respekt, Akzeptanz und Anerkennung des Einzelnen."

Es muss ja nicht gleich die Gesamtheit kompletter Kulturen im täglichen Alltag bewältigt werden. Aber: Wer will, überträgt die Toleranz in Bezug auf Kulturen aufs ‚Kleine', aufs Zwischenmenschliche.

Respekt, Akzeptanz und Anerkennung des anderen ist zweifelsohne auch unter Privatleuten möglich.

Das wären zumindest die ersten Schritte, gegenseitige Beachtung auszudrücken. Solch ein Verhalten schafft die Basis für Frieden, also auch für friedliches Miteinander im sozialen Umfeld.

Vergleichbares gilt selbstverständlich auch für das berufliche Umfeld. Das entstandene tolerante Klima fördert die Bereitschaft zur Zusammenarbeit. Damit lassen sich bessere Ergebnisse der zu erledigenden Aufgaben ergeben.

Das wiederum fördert die Zufriedenheit der Beschäftigten – und selbstverständlich der Geschäftsführung.

Wer will, hat die Möglichkeit, sich und anderen diese Hilfsbereitschaft zu ermöglichen. Also doch: ‚Herzensfreude, herzallerliebst, herzerfrischend' rücken in greifbare Nähe.

Toleranz schafft Frieden und Gemeinsamkeiten. Das Herz freut sich. Und die Menschen auch.

So soll der deutsche Dichter Christian Johann Heinrich Heine (1797 – 1856) zu Wort kommen:

„Schwarze Röcke, seidne Strümpfe, Weiße, höfliche Manschetten, Sanfte Reden, Embrassieren – Ach, wenn sie nur Herzen hätten!"

‚Embrassieren' stammt aus der französischen Sprache. ‚Embrasser' steht für ‚sich umarmen'.

Gegenseitig helfen

In diesem Kapitel wird über ältere und jüngere Menschen geschrieben. Dabei wird die Formulierung ‚die Alten' beziehungsweise ‚die Jungen' verwendet, was keineswegs abwertend gesehen werden soll. Etwa so wie ‚die Fremden/Hiesigen', ‚die Star-
ken/Schwachen'.

In hiesiger Kultur ist seit Jahren zu beobachten, dass das Durch-
schnittsalter der Bevölkerung steigt. Die hier lebenden Menschen
werden älter. Die Jungen sterben sozusagen aus.

Für das Wachstum einer Bevölkerung, für die Steuereinnahmen,
für die generelle Entwicklung, ist das kein gutes Zeichen.

Zumal dann, wenn sich die Generationen auseinanderleben.

Der Junge spricht abwertend von „der Oma" oder „dem Opa", der
„unsere Rente" verplempert. Der Alte kritisiert die Jugend, die
nur noch an „ihrem Handy klebt" und „nicht mehr mitbekommt,
was in der Welt geschieht".

Kritische Vorurteile

Die gegenseitige kritische Haltung ist nicht neu. Schon der bril-
lante griechische Rhetor Aristoteles (384 – 322 v. Chr.) wird zi-
tiert mit:

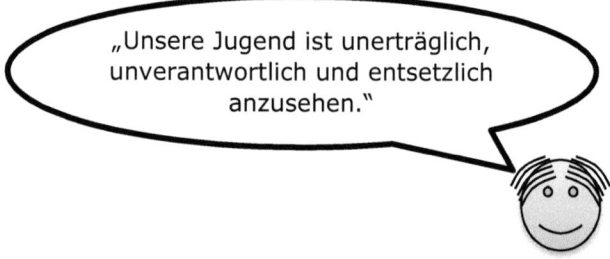

„Unsere Jugend ist unerträglich,
unverantwortlich und entsetzlich
anzusehen."

Sokrates, ebenso ein intelligenter griechischer Rhetoriker, der von 469 – 399 v. Chr. lebte, behauptete:

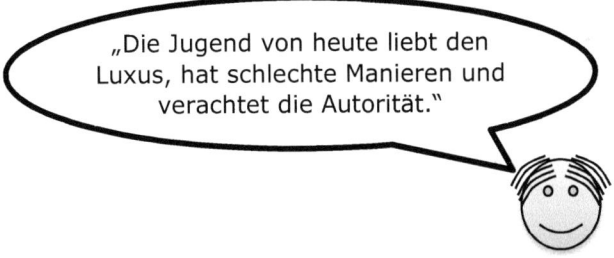

„Die Jugend von heute liebt den Luxus, hat schlechte Manieren und verachtet die Autorität."

Diese vernichtende Kritik könnte auch heute wortgleich in den Medien erschienen sein.

Hat sich in 2.500 Jahren das Bild der Jugend unverändert gehalten? Verhalten sich die Jungen (damals wie heute) wirklich so schlimm?

Verhalten sich die Alten überall korrekt? Oder fehlt lediglich das gegenseitige Verständnis?

Der Junge kann verständlicherweise nicht <u>nachempfinden</u>, wie der Ältere fühlt. Ihm fehlt schließlich die Lebenszeit, ähnliche Empfindungen zu ‚genießen'. Sobald ihm das gelingt, gehört aber auch er zur Gruppe der Alten.

Andererseits: Die Alten waren alle auch einmal jung. Erfuhren sie ebenso die Kritik der früheren Generationen?

Bleibt dieses gegenseitige Unverständnis jahrtausendelang bestehen?

Wäre es nicht hilfreich, sich gegenseitig besser einfüllen und verstehen zu können?

Umgang mit der digitalen Welt

Ein Blick auf das digitale Zeitalter. Die Jungen haben Zugriff auf die neueste Technik. Die Alten auch. Die Jungen können sehr gut mit ihr umgehen. Die meisten Alten tun sich schwer. Die Jungen sind sozusagen in und mit der Technik aufgewachsen. Die Alten müssen den Umgang mit der digitalen Welt erlernen.

Die älteren Menschen stehen häufig machtlos der überall sich vordringenden digitalen Welt und teilweise hilflos gegenüber. Sie fühlen sich oft überfordert, weshalb sie die Nutzung der digitalen Welt immer wieder ablehnen. Damit entfernen sie sich allerdings ungewollt zunehmend der Realität.

Andererseits haben die Alten über ihre Lebensjahre hinweg unglaublich viel wertvolle Erfahrung sammeln können. Unschätzbare Erfahrungswerte, die der Jugend aufgrund ihrer relativ kurzen Lebenszeit zwangsläufig fehlt.

Diese Erfahrung und das einhergehende Wissen dazu müssen von Generation zu Generation mühsam neu gesammelt werden. Dadurch geht wertvolle Zeit verloren. Unnötige Kosten entstehen.

„Lernt der Mensch nicht aus der Vergangenheit?"

Das Rad neu erfinden

Das Rad muss sozusagen immer wieder neu erfunden werden. Im Kleinen wie im Großen.

Ein Beispiel für eine großartige Leistung ist der Bau der Pyramiden. Obwohl es etwa 500 Jahre in Anspruch nahm, die einzelnen Pyramiden zur Vollendung zu bringen, obwohl zig Tausende Arbeiter an der Errichtung dieser monumentalen Bauwerke beteiligt waren, ist heutzutage unbekannt, wie die imposanten Pyramiden erbaut wurden.

Theorien gibt es einige. Aber das tatsächliche Wissen über die Erbauung fehlt. Verloren?

Wie kann das sein? Wieso konnten das Wissen und die gesammelten Erfahrungen nicht an die nächste und alle folgenden Generationen weitergegeben werden?

Waren die damals nachfolgenden Generationen – also die Jungen – nicht an diesem Wissen und den Erfahrungen interessiert? Oder hatten die Zeitzeugen – später die Alten – keine Lust, die gesammelten Informationen weiterzugeben?

Wenn schon das Wissen über eine große Sache wie die oben beschriebene verloren geht, wie sieht es dann mit unzähligen kleinen ‚Vermächtnissen‘ aus, die für immer verschwunden sind?

Hilfe für die nachfolgende Generation

Wissen könnte und kann problemlos von Generation zu Generation weitergegeben werden, als Hilfe für die Nachfolgenden.

Erfahrungen können zwar erklärt, aber nicht weitergeleitet werden. Erfahrungen müssen, wie das Wort es ausdrückt, erfahren werden. Sie lassen sich nicht erlernen.

Wohl aber kann mit Empathie ansatzweise versucht werden, Gefühle nachzuempfinden. Das kann funktionieren, so denn die entsprechende Bereitschaft dazu besteht.

Das Rad weiterdrehen lassen

Wie ist es machbar, das Rad nicht mühsam neu zu erfinden, sondern es munter weiterdrehen zu lassen?

Wie genial wäre es, täten sich Jung und Alt zusammen? Der Junge bringt das neue Wissen mit, der Alte die gesammelte Erfahrung. Bringen sie Wissen und Erfahrung zusammen, sind die Generationen (fast) unschlagbar.

Natürlich ist es sehr leicht gesagt, sich (ständig) gegenseitig auszutauschen. Theoretisch ist solch ein Vorgehen in einem Satz formuliert und bestätigt.

Praktisch benötigt die Umsetzung Zeit – viel Zeit. Der Junge ‚tut den Alten nicht ab‘, sondern hört ihm (aktiv) zu. Der Alte urteilt nicht sofort mit „der hat sowieso keine Ahnung", sondern geht auf ihn (aktiv) zu.

Ein Blick auf die ‚unberührten‘ Bevölkerungsgruppen tief in Borneo oder im Amazonas zeigt, wie dort generationenübergreifender Austausch stattfindet.

Um ein virtuelles Bild zu malen: Am Abend, bei Feuerschein, sitzen alle im Kreis und lauschen den Erzählungen der Alten. Vergangenes wird immer und immer wieder erzählt, um es im Gedächtnis der nachrückenden Generationen zu verankern. Die Jungen lauschen aufmerksam und neugierig.

In hiesiger Kultur mag es früher ähnlich gewesen sein. Dann und dort, wo drei oder vier Generationen ‚unter einem Dach‘ lebten.

In beiden Fällen gehen die Informationen von Alt nach Jung. Die Hälfte des Austauschs geschieht (geschah) dadurch. Hier, in diesem Kapitel, wird aber empfohlen, auch die Informationen von Jung nach Alt zu vermitteln.

Die Informationen von Jung zu Alt müssten also im Austausch unbedingt ergänzt werden. Gerade in einer gefühlten stressigen und gehetzten Zeit wie der gegenwärtigen.

Neue Technik, neuartige Handhabung, unerwartete Erfindungen werden (fast) täglich bekannt. Da kann sogar der Pfiffige den Überblick verlieren. Wie soll der Durchschnittsmensch folgen können?

Nun, zum Beispiel mithilfe der Jungen. Jüngere, die sich die Zeit nehmen, die Bedeutung neuer Geräte und deren Funktionen geduldig zu erklären. Die sich ergebenden Möglichkeiten ausmalen und ausprobieren. Dann wäre der zweite Teil der Gegenseitigkeit erfüllt. Informationen fließen in beide Richtungen.

Das Optimum steigern?

Schaffen es die Beteiligten, währenddessen einen echten Austausch zu vollbringen (also nicht nur Informationen geben), ist das Optimum erreicht.

Möglichst alles ohne Stress, sondern in guter Laune und mit Spaß. Lachen ist selbstverständlich erlaubt.

Das Optimum sei erreicht, heißt es oben. Oder geht noch mehr, auch wenn das Optimale nach Wortbedeutung (gleich ‚bestmöglich') keine Steigung zulässt?

Doch, gibt es. Und zwar dann, wenn die Informationen, die von beiden Seiten (Alt und Jung) kommen, zu Neuem kombiniert werden.

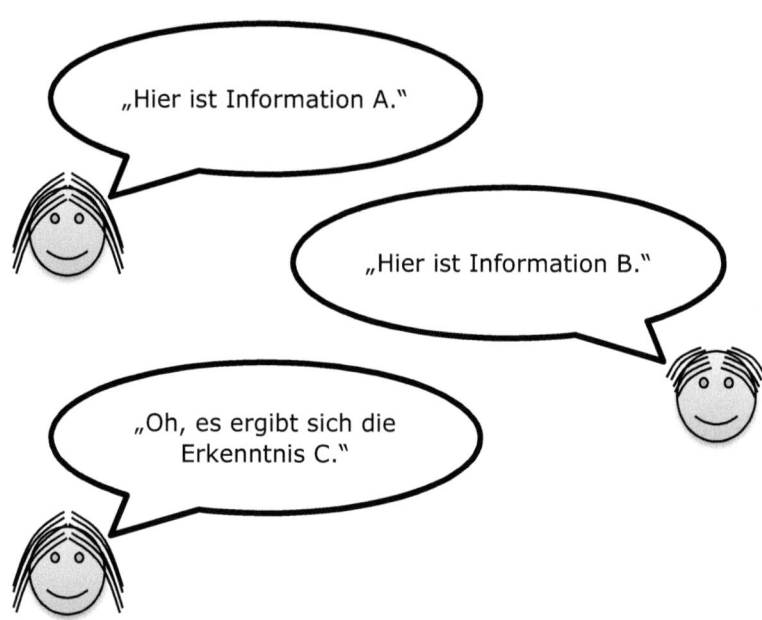

Gute gegenseitige Hilfe und Profit für beide.

Das digitale Wissen

Seit neuestem bringt die Künstliche Intelligenz neue Aspekte ins Generationen-Spiel.

Jegliches im Internet bekannte Wissen lässt sich in Nullkomma-nix abrufen. Geht der bisherige Vorteil der Jugend, Zugriff auf das neueste Wissen zu haben, verloren?

Bergen die neuen Möglichkeiten die Gefahr, dass die Generatio-nen in Zukunft sich noch weniger miteinander austauschen müs-sen?

Braucht eine alternde Gesellschaft die nachwachsende Jugend gar nicht mehr?

Das wäre erschreckend und für die zukünftige Gemeinsamkeit abträglich. Abgesehen davon, dass die Gesellschaft aussterben würde, ist das Wissen der Jugend gemeint.

Die Alten könnten nach wie vor versuchen, ihre Erfahrungen weiterzugeben. Das Wissen der Jugend hingegen ließe sich mithilfe der technischen Möglichkeiten (viel schneller) besorgen.

Fatal. Womit die Jugend nach wie vor trumpfen könnte, wäre die emotionale Vermittlung, wie das Wissen vorteilhaft verwendet werden könnte.

Weiter, wie es auf das (ältere) Individuum passgenau eingesetzt werden könnte, um den idealen Vorteil zu genießen.

Vielleicht sollten sich Alt und Jung, vor allem die Jungen, sehr gut überlegen, wie sie durch vernünftige Hilfestellungen auch in Zukunft ein harmonisches Zusammenleben zwischen den Generationen gewährleisten.

Berufliche Hilfsbereitschaft

Zukunft ohne Herz?

Herzlose Künstliche Intelligenz (KI)

Bisher konnte gut nachvollzogen werden, dass das Herz im zwischenmenschlichen Bereich eine deutliche Rolle spielt. Manchmal unterschätzt, aber trotzdem wichtig.

Der französische Philosoph Luc de Clapiers, Marquis de Vauvenargues meint sogar allen Ernstes, dass ‚Große Gedanken dem Herzen entspringen' (siehe sein Zitat oben). Dem Herzen also, nicht dem Verstand. Das Herz kann stolz darauf sein, dass ein belesener Philosoph solch eine Meinung vertritt.

Meint er damit, dass es den Verstand überhaupt nicht benötigt, um Entdeckungen, Erfindungen und Visionen zu erleben? Die meisten Entdeckungen, Erfindungen und Visionen sind zweifellos als Großes zu bezeichnen.

Weist der trainierte Verstand nicht mehr den Weg, um Wissbegierige, Neugierde und das Vorankommen der Generationen zu ermöglichen?

Wie viel Herzblut haben Entdecker und ihre Gehilfen – heute würde von einem Team gesprochen – investiert, um unbekannte Gegenden zu finden und zu erforschen? Deshalb setzte ihr Verstand doch nicht aus. Oder?

Der Verstand steht auf dem Kopf

Der italienische Seefahrer Christoph Kolumbus (1451 – 1506) suchte einen neuen Seeweg zum Handelspartner Indien.

Kolumbus' Verstand sagte ihm, dass er Indien auch in gegensätzlicher Richtung als bisher – nämlich rund um den Globus – erreichen könnte.

Damit lag sein Verstand gar nicht so falsch.

Mithilfe von ausgesprochen viel beeindruckender Überzeugungskraft, waghalsigen Versprechen und gezielter Ansprache ans Herz finanzierten ihm schließlich Geldgeber seine geplante Entdeckungsreise.

Er konnte eine Mannschaft zusammenstellen, die bereit war, ,über Kopf' auf der anderen Seite der Erdkugel zu segeln. Wie sollte ein Verstand – bei damaligem Wissen – mit solch einer Vorstellung klarkommen? Also doch dem Herz vertrauen?

Nun gut: Kolumbus schaffte es. Zumindest glaubten er und seine Mannschaft, nach einer schier endlos langen Fahrt Indien im Jahr 1492 erreicht zu haben.

Der Jubel war groß, auch wenn die Truppe ,nur' Amerika entdeckt hatte. Die herzlich empfundene Freude gaukelte dem rational denkenden Verstand erfolgreich anderes vor.

Zusammenspiel von Verstand und Herz

Marquis de Vauvenargues liegt gar nicht so falsch mit seinem zitierten Satz.

Festzuhalten ist, dass seiner Meinung nach die Gedanken im Herzen entspringen. Dort entstehen Wünsche (Herzenswünsche), Visionen und Träume.

Die Umsetzung zur Erreichung eines Ziels benötigt in der Regel Verstand, zumindest, wenn sich nicht ausschließlich auf den Zufall verlassen werden soll. Also: Ganz ohne Vorstand scheinen dem Herzen nicht die großen Erfolge zu gelingen.

Gut, die Menschheit lebt seit Jahrtausenden zufrieden mit dem Zusammenspiel von Verstand und Herz.

Die KI verdrängt das Herz

Obwohl die Vorläufer der Künstlichen Intelligenz schon vor vielen Jahren entwickelt wurden, drängelt sie sich seit wenigen Jahren unaufhaltsam in den Vordergrund des täglichen Geschehens.

Den meisten Menschen ist gar nicht bewusst, bei wie vielen Gelegenheiten sie bereits mit der KI konfrontiert werden.

Seit Ende 2022 ist das Sprachmodell ChatGPT im Gebrauch und verdrängt gnadenlos bisherigen, oft mühsamen menschlichen Einsatz.

Anfang des Jahres 2025 ,platzt' – wie aus heiterem Himmel – ein chinesisches Konkurrenz-Produkt auf den Markt. Es wird nicht das letzte sein.

Die unglaublichen Leistungen der KI werden bei diesen und zukünftigen Modellen durch die angegebenen Antworten sichtbar/lesbar.

Die Künstliche Intelligenz erledigt die Arbeit

Natürlich gehören Schüler und Studierende zu der Gruppe Menschen, die ganz schnell die Vorteile der KI erkannten. Hausarbeiten schweißtreibend allein erstellen? Wozu?

Umständliche Gedanken machen zu einem Projekt? Aufwendig recherchieren und analysieren? Das muss nicht sein.

Ein Sprachmodell hilft in wenigen Augenblicken, selbst komplexe Aufgabenstellungen fehlerfrei zu erledigen.

Ist Lernen unnütz geworden? Kann die Künstliche Intelligenz den Schulunterricht optimal unterstützen und problemlos bewältigen? Inklusive guter Noten, versteht sich.

Wird das Herz in der Schule überflüssig, da der künstliche Verstand alles regelt?

Schule ohne Herz?

Der Schulunterricht mit KI ohne Herz könnte eine effiziente, aber emotionale Distanz schaffen. Die KI würde Lehrpläne analysieren, den Lernfortschritt überwachen und personalisierte Lernmaterialien bereitstellen. Schüler könnten in ihrem eigenen Tempo lernen, während die KI sofortige Rückmeldungen gibt.

Doch ohne menschliche Empathie fehlen wichtige soziale Interaktionen. Lehrer könnten sich auf administrative Aufgaben konzentrieren, während die emotionale Unterstützung und Motivation, die oft von Lehrern kommt, verloren gehen.

Der Unterricht könnte zwar strukturiert und datenbasiert sein, doch die menschliche Verbindung, die das Lernen bereichert, könnte stark eingeschränkt werden.

Klingt nachvollziehbar, oder?

Der oben geschriebene, kursiv dargestellte Text, wurde von Künstlicher Intelligenz erstellt. Die Aufgabenstellung an sie lautete: „Schreibe ca. 550 Zeichen zum Thema: Wie verläuft der Schulunterricht mit KI ohne Herz?"

Auch wenn es etwa 50 Zeichen mehr sind als gefragt, ist der Text ‚rund'. Gut, Herz wird mit Empathie gleichgesetzt. Passt aber trotzdem, oder?

Fehlende soziale Interaktion

Die Künstliche Intelligenz warnt ihrerseits davor, dass ohne Emotionen/Herzarbeit das Lernen beeinträchtigt und eingeschränkt würde.

Ihrer Meinung nach gingen verloren: soziale Interaktion, emotionale Unterstützung, äußere Motivation und menschliche Verbindung.

Es ergäbe sich ein gut organisiertes und perfekt ablaufendes System, das jeden Lernenden auf ‚seinem Niveau', seinem Level unterrichtet.

Aber: Ohne jegliche Emotion, ohne echtes Lob oder konstruktiven Tadel, ohne gezielte Motivation oder Anreiz wie Wettbewerbe und so weiter. Soll der Unterricht so verlaufen?

Ein Filmemacher könnte vom Klassenraum sofort ein steriles, trostloses Bild malen, mit futuristischer Optik, gleichschaltender Beeinflussung und emotionslosem Zusammensein.

Kein Lachen, kein Unfug, keine Streiche, keine innere Motivation, kein Wettbewerb ... Möchte sich die Menschheit solch eine Zukunft vorstellen? Eine Zukunft ohne Herz?

Rationale Hilfestellung

Die rationale Hilfestellung jeglicher Art kann die KI bestimmt hervorragend umsetzen. Sie arbeitet unglaublich schnell und meistens fehlerfrei. Sie kann Tag und Nacht, 24 Stunden am Stück, hilfsbereit sein. Kein Problem für sie.

Nicht nur in der Schule oder an der Universität. Sondern auch im Verkehrssystem, der Medizin, der Recherche, der sprachlichen Unterstützung, der Finanzbranche, der Kontrolle/Überwachung, beim Einsatz von Chat-Bots und an vielen weiteren Stellen.

Sie ersetzt viele Berufsfelder, die vorher von einem Menschen ausgefüllt werden. Die Menschheit tut gut daran, sich Bereiche zu bewahren, in denen der menschliche Kontakt nach wie vor gefragt ist.

Andernfalls schafft der Mensch sich sozusagen selbst ab.

Schule mit Herz?

Mehrere Untersuchungen wollen herausgefunden haben, dass Lehrkräfte und Dozenten einen wesentlichen, einen nicht zu unterschätzenden Einfluss auf den Erfolg der Lernenden ausüben.

Der Mensch ‚punktet' hier eindeutig.

Je nachdem, wie engagiert unterrichtet wird und wie intensiv auf die Lernenden eingegangen wird, wird der Lerneffekt der Schüler beeinflusst.

Kinder und Jugendliche brennen in der Regel darauf, Neues zu erfahren und zu erlernen. Schaffen es Lehrende, diese Wissbegierde zu entfachen, am Leben zu erhalten und das Lernen Freude bereitet lassen? Dieses Vorgehen wird das soziale Miteinander stärken und gute schulische Ergebnisse hervorbringen.

Also scheint der emotionale (‚echte') Mensch (vorerst?) unverzichtbar.

Es liegt in der Hand (und im Verstand) des Menschen, Berufszweige auszubauen, die das menschliche Miteinander brauchen. Der Mensch sollte erkennen, welchen wichtigen Platz diese Tätigkeiten für die Menschheit einnimmt.

Es schadet nicht, auch das Herz mit einzubeziehen, beim Finden der Bereiche, in denen Menschlichkeit (vorerst) unschlagbar ist.

Die Fähigkeiten der Künstlichen Intelligenz helfen der Vorbereitung und Planung, der Organisation, wie auch der Bereitstellung von Wissen und Informationen für den Unterricht.

Das sind unschätzbare Erleichterungen der Arbeit für den Unterrichtenden, sowie eine immense Zeitersparnis.

Ein Hinweis an den Verstand: Auch für dieses Umfeld zeigt sich, dass eine gegenseitig unterstützende Zusammenarbeit zwischen Herz und Verstand die optimale Voraussetzung für den gewünschten Erfolg ist.

Herzliche Dienstleistung

Der deutsche Schriftsteller Heinrich Christian Wilhelm Busch (1832 – 1908) schrieb einen Gedichtband mit dem Titel ‚Kritik des Herzens‘.

Aus diesem Werk stammt dieser Satz von ihm: „Wer einen guten Braten macht, hat auch ein gutes Herz.“

An sich wird ja behauptet, <u>Liebe</u> ginge durch den Magen. Weiter: Bei gutem Essen baut sich eine ebenso gute Atmosphäre auf, die Geschäfte leichter abwickeln und Gespräche erfolgreicher durchlaufen lassen.

Daneben entwickeln sich angenehme Gefühle – wie Liebe –, die *das Herz* dem anderen gegenüber *öffnen*.

Ah, hier kommt das Herz ins Spiel. Demnach: Wer gutes Essen zubereiten kann, muss *ein gutes Herz haben*. Wunderbar.

„Der Braten schmeckt herrlich herzhaft.“

Mit dem Herz dabei sein

Wie schön, wenn ein Dienstleister mit seinem *Herz bei der Sache ist*. Noch besser, wenn er seinen Kunden/Gast herzlich begrüßt und behandelt/bedient.

Durch diese herzhafte Dienstbarkeit sorgt er für eine wünschenswerte Verkaufsatmosphäre. Die wird dazu beitragen, den Kunden/Gast die angebotene Leistung (gegen Bezahlung) in Anspruch nehmen zu lassen.

Umsatz und Gewinn sind leichter zu erzielen.

Nicht zu vergessen, dass der Dienstleister einen großen Teil seines Arbeitslebens damit verbringt, Leistung oder Ware an den Mann beziehungsweise an die Frau zu bringen.

Weshalb sich nicht den Arbeitsplatz und die Arbeitszeit so angenehm wie möglich gestalten?

Natürlich gibt es auch Kunden, die mies ‚drauf sind' und schlechte Stimmung verbreiten.

„Wie es in den Wald ruft, so schallt es heraus."

Diese Aussage mag der Realität entsprechen, trägt aber nicht dazu bei, eine gute Stimmung zu erzeugen. Also doch lieber nicht so herausschallen lassen, wie es in den Wald ruft.

Muffelige Menschen wird es immer geben, so ist zu fürchten. Umso dringlicher ist es, eine menschlich harmonische, eine herzliche und offene Atmosphäre zu gestalten und zu halten.

Einige glückliche Momente werden es danken.

Ehrlichkeit

Eine herzliche Atmosphäre in der Dienstleistung ist schön. Ein weiterer Aspekt, der zur positiven Atmosphäre beiträgt, ist die Ehrlichkeit.

Im Mittelhochdeutschen gibt es ,erlich' für Aufrichtigkeit und Redlichkeit.

Na klar, werden die meisten Leute sagen. Versteht sich doch von selbst, dass Menschen ehrlich zueinander sind. Ist das so?

Zur Ehrlichkeit zählt die Zuverlässigkeit. Gesagtes und Vereinbartes gilt – auch ohne es schriftlich festzuhalten.

Im ersten Moment würden viele Menschen unter Ehrlichkeit ,die Wahrheit sagen' oder ,nicht stehlen' verstehen, was natürlich auch stimmt. Wer möchte schon gerne belogen werden?

Auch Täuschungen gehören nicht in die Kategorie Ehrlichkeit. Es wird sich so eindeutig ausgedrückt, dass ein (gewolltes) Missverstehen nicht möglich ist.

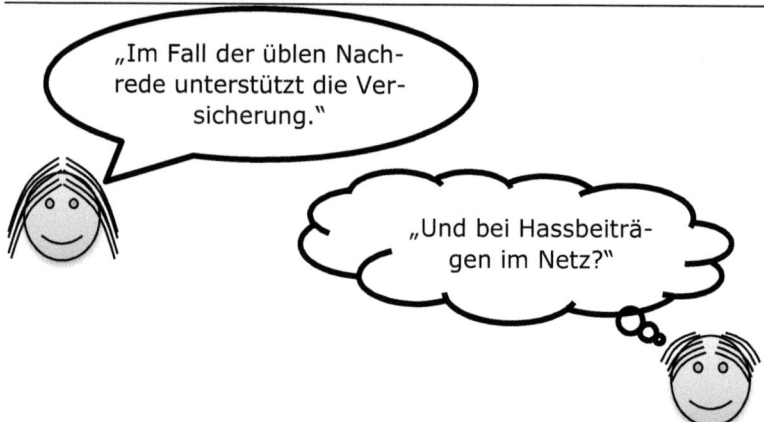

Es zeigt sich, dass zur Ehrlichkeit mehrere Aspekte zählen. Ein weiterer ist die Aufrichtigkeit.

So wird der Mitarbeiter von der Vorgesetzten beurteilt. Die Bezeichnung ‚aufrecht' beinhaltet den Wortteil ‚Recht'. ‚Recht' steht für das, was die Gesellschaft als ‚richtig' ansieht.

Demnach handelt der beurteilte Mitarbeiter richtig. Er achtet auf das Recht, er ist aufrecht.

Wer aufrecht geht, hat nichts zu verbergen. Wen Ungerechtigkeit (be-)drückt, geht gebückt.

„Aufrecht von dannen geht die Wahrheit stets", behauptete der griechische Dichter Sophokles (497/496 – 406/405 v. Chr.).

Fairness in der Dienstleistung

Das Wort ‚fair' stammt aus der englischen Sprache. Es bedeutet ein anständiges Verhalten anderen gegenüber zu zeigen.

Wie bekannt, klagen Menschen immer wieder über Ausgrenzung, Benachteiligung, ungerechte Behandlung, Verletzung der Gerechtigkeit und vieles mehr, was in dieselbe Richtung weist. Sie fühlen sich weder anständig, geschweige denn fair behandelt.

Die meisten Menschen wünschen und erwarten einen fairen Umgang miteinander.

Fairer Austausch

Zwei Personen treten miteinander in Kontakt. Sei es aufgrund einer Dienstleistung, einer Verkaufssituation oder einfach so zum Austausch.

Sie kommunizieren, tauschen sich inhaltlich aus und verhandeln miteinander. Sie sind interaktiv, das bedeutet, sie arbeiten und reden wechselseitig.

Das ‚Tauschen' oder ‚Austauschen' beschreibt bereits, dass jeder dem anderen etwas gibt.

Die beiden ‚Etwas' – materiell oder immateriell – müssen gleichwertig sein, um von Fairness beim Tausch sprechen zu können.

Das bedeutet: Das, was einer gibt, ist gleich viel wert wie das, was er erhält.

Beide Beteiligten müssen das Gefühl haben, fair behandelt worden zu sein.

Fühlt sich einer der beiden übervorteilt, sieht er sich unfair behandelt. Der Tausch verlief dann nicht fair. Einer der beiden glaubt, zu viel gegen das Erhaltene eingetauscht zu haben.

Das Vorgehen wird als unfair angesehen und bereitet Unwohlsein und Unzufriedenheit.

In früheren Zeiten wurde bei einem Handel/Tausch die Vereinbarung per Handschlag bekräftigt und war damit gültig.

Beide waren dann mit dem Tausch (zum Beispiel Ware gegen Geld) einverstanden.

Übrigens: Das galt und gilt auch dann, wenn der Tausch nicht fair erscheint. Einverstanden trotz Unfairness? Wie geht das?

Ja, das ist beispielsweise dann der Fall, wenn ein Händler unbedingt verkaufen <u>muss</u>, egal zu welchem Preis. Zum Beispiel dann, wenn die angebotene Ware am nächsten Tag verdorben ist.

Er ist froh, dass der Verkauf zustande kam, auch wenn der erzielte Erlös nicht der gewünschte oder erhoffte ist.

Das erzielte Ergebnis war fair. Der Verkauf im letzten Augenblick bedeutete eine große Hilfe. Ein *Stein fiel von seinem Herzen*.

„Der Handel war fair.“

Herzensgütige Heilung und Pflege

Die oben erwähnte Künstliche Intelligenz wird im medizinischen Bereich, zum Beispiel bei der Erstellung einer Diagnose, eingesetzt. Die KI arbeitet schnell und (ziemlich) fehlerfrei.

Fieberhaft wird daran gearbeitet, menschliche Tätigkeiten durch KI-gesteuerte Roboter ersetzen zu lassen.

Roboter, die den im Krankenhaus eintreffenden Patienten, Begleitern und Besuchern Hinweise zur gesuchten Abteilung und Antworten zu Fragen geben können.

In Altersheimen oder auf Pflegestationen sollen Roboter Speisen servieren und benutztes Geschirr wieder abräumen.

Sie sollen Medikamente in korrekter Menge und vorgesehener Zuordnung pünktlich den Patienten übergeben.

Andere sollen helfen, die ‚Zeit zu überbrücken', indem sie zu (Online-)Spielen auffordern, mit den Bewohnern singen oder sogar kommunizieren.

Die bisherigen Einsatzmöglichkeiten sind beschränkt. Vor allem sollen sie das überlastete Personal entlasten.

Tatsächlich bleibt eine Maschine eine Maschine. Die dringend notwendige menschliche Zuneigung fehlt, egal wie gut ein Roboter programmiert ist.

Der Geist ist willig

In der Bibel findet sich folgender Spruch: „Der Geist ist willig, aber das Fleisch ist schwach." (Matthäus 26.41).

Damit ist gemeint, dass der Verstand zwar noch vorhanden ist, sich beispielsweise der digitalen Welt zu stellen, der Körper hingegen nicht genügend Kraft aufwenden kann, um sich dieser komplexen Aufgabe zu stellen.

Ist das tatsächlich so?

„Das tue ich mir nicht mehr an!"

Oder schiebt der Spruch lediglich eine Ausrede vor?

In anderen Fällen zeigt sich tatsächlich, dass die körperliche Kraft so weit abgebaut ist, dass der Betreffende in seiner Bewegung eingeschränkt ist. Sein Verstand kann aber noch 100-prozentig arbeiten. Er ist sozusagen in seiner körperlichen Hülle gefangen, was seine Aktivitäten ausbremst.

Natürlich soll die Beweglichkeit weiter trainiert bleiben. Zusätzlich ist es ausgesprochen wichtig, dass die betreffende Person genügend Input und Anregungen erhält, den Verstand arbeiten zu lassen. Dieser soll ja nicht seine Flexibilität und Beweglichkeit einstellen.

Pfleger und andere Helfer tun diesen Menschen etwas Gutes, wenn sie den täglichen Kontakt nicht nur auf Tagesgrüße und „Guten Appetit" beschränken. Trotz aller Zeitknappheit und aller möglichen Stresssituationen hilft die menschliche, respektvolle Zuwendung, zumindest mental fit zu bleiben.

Bitte und Danke

Wie leicht ist es, das kurze Wörtchen „Bitte" und sein Pendant „Danke" auszusprechen.

„Bitte, nach Ihnen."

Obwohl sie nur jeweils aus fünf Buchstaben bestehen, fällt es vielen Menschen offensichtlich unendlich schwer, die Wörter ‚Bitte' und ‚Danke' zu benutzen.

Dabei ist es eine Sache der Höflichkeit, einer Aufforderung das Wort ‚Bitte' voranzustellen oder anzuhängen.

Umgekehrt wird manches kommentarlos entgegengenommen. Dabei spielt es keine Rolle, ob es sich um eine Ware oder um eine Dienstleistung handelt. Es scheint weiterhin keine Rolle zu spielen, ob der Mitarbeiter dem Vorgesetzten eine Unterlage reicht, oder umgekehrt, wenn der Vorgesetzte ihm etwas geben will.

Die Zeiten der Befehlsempfänger – auf der anderen Seite die Befehlenden – sollten vorbei sein.

Durch dieses Verhalten wird eine mangelnde Wertschätzung des Gegenübers gezeigt.

Oder wird es zur Realität, dass jeder ‚einfach' das bekommt, was er will. Weil er der Meinung ist, es stehe ihm zu.

Und weil er weiterhin die Überlegung vertritt, dass er um etwas, was ihm sowieso zustehe, nicht bitten müsste?

Wunsch nach Hilfestellung

Im professionellen geschäftlichen Umfeld gehören ‚Bitte' und ‚Danke' selbstverständlich uneingeschränkt zur Kommunikation und zum Umgang dazu. Wohl gemerkt unabhängig davon, ob mit einer Person aus dem Vorstand oder aus dem Reinigungstrupp gesprochen wird.

Oft liegt der Wunsch nach einer Hilfestellung vor, wenn das Wort ‚Bitte' eingefügt werden kann/soll.

„Holen Sie mir bitte …"

Die angesprochene Person folgt der Bitte/Frage. Bei Erledigung erfolgt das ‚Danke'. Nicht nur, weil der Wunsch nach Hilfe erfüllt wurde, sondern weil dem Bittenden auch Zeit erspart wurde. Er musste seinem Wunsch nicht selbst nachgehen.

Auch dann, wenn es um Selbstverständlichkeiten zu gehen scheint, bleibt der höfliche Umgang bestehen.

Selbst im privaten Umfeld, in der Familie und/oder Partnerschaft sollten bestimmte Handlungen nicht zur unkommentierten Selbstverständlichkeit werden. ‚Bitte' und ‚Danke' festigen die harmonische Partnerschaft.

Notwendigkeit der Hilfestellung

Manche Menschen sind bedauerlicherweise in die Situation geraten, körperlich oder geistig so schwach oder gebrechlich zu sein, dass sie ohne Hilfe anderer ihr Leben nicht bewältigen könnten. Die erbetene und erwartete Hilfestellung ist demnach lebensnotwendig.

Glücklicherweise gibt es auf der anderen Seite Menschen, die bereit sind, ehrenamtlich oder in beruflicher Ausübung die notwendige Hilfestellung zu leisten.

Gegebenenfalls regelmäßig, das heißt täglich, unter Umständen sogar mehrfach täglich.

Die Hilfestellung wird fast zum Ritual. Aber: Sie darf keine Selbstverständlichkeit werden. Vor allem keine, für die nicht mehr zu danken wäre.

Auch die Einstellung „Die werden ja dafür bezahlt" entbindet keineswegs einer gewissen Dankbarkeit.

Wie die Hilfestellung von Herzen kommt, kann ein Dankeschön auch von Herzen der Person kommen, die Hilfe erhalten hat.

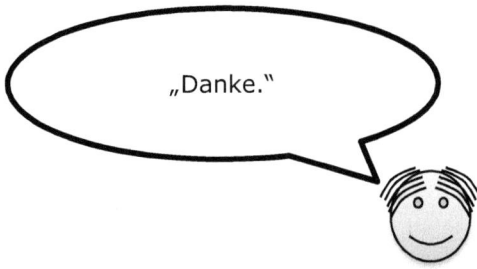

Zukunft mit Herz?

Weiter oben wurde die Frage gestellt: „Zukunft ohne Herz?"

Die Antwort sollte eindeutig sein: „Nein!"

Das Herz gehört untrennbar zum Leben und zwar in allen seinen Facetten.

Am Beispiel der Künstlichen Intelligenz wird deutlich – und fällt aufmerksamen Beobachtern bestimmt auf – wie unerwartet und wie unerwartet schnell diese manchmal unheimlich arbeitende Intelligenz in das tägliche Leben eingreift.

Forscher, Wissenschaftler, Entwickler machen sich viele Gedanken darüber, wie sie dieser Künstlichen Intelligenz Gefühle einhauchen können.

Zum Zeitpunkt des Druckes der Erstauflage dieses Buches ist das noch nicht möglich. Die Gefahr, die viele Menschen sehen, dass die Künstliche Intelligenz den Menschen mittelfristig vereinnahmen könnten, scheint noch fern.

Zumindest weit beziehungsweise fern genug, bis den Entwicklern das Einbringen der Gefühle in die KI gelingt.

Um nicht bei den augenblicklichen Möglichkeiten rationale Vorgehensweise dominieren zu lassen, muss das Herz, stellvertretend für die Emotionen, einen Gegenpart einnehmen.

Wobei nicht gemeint ist, dass das Herz <u>gegen</u> den Verstand arbeitet. Nein, es gilt, dass Herz und Verstand <u>zusammen</u>arbeiten.

Zusammenfassend kann behauptet werden, dass nicht nur die Gegenwart, sondern auch die Zukunft unbedingt mit Herz verlaufen sollten.

„Wir müssen eine Verbindung von Verstand und Herz
anstreben."

Dalai Lama (Tenzin Gyatso),
tibetisches spirituelles Oberhaupt (*1935)

Epilog

Epilog – Zum Ausklang

Die Zeit verrinnt

„Unser Herz hält die Liebe zur Menschheit nicht aus,
wenn es nicht auch Menschen hat, die es liebt."
Johann Christian Friedrich Hölderlin, dt. Theologe
(1770 - 1843)

Die Chance, Herzlichkeit einzusetzen

Herzlich willkommen, liebe Leserin, lieber Leser,

schön, dass Sie bis hierher beim Ende des vielseitigen Herz–Themas angelangt sind.

Es kann nicht geleugnet werden, dass das Herz einen immensen Einfluss auf das Leben nimmt.

Nicht nur im tatsächlichen Sinn, dass das Herz unermüdlich schlägt und dadurch den Menschen am Leben hält. Es schlägt 24 Stunden am Tag, jahrelang, ein Leben lang, oft ohne zu murren. Allein das ist schon eine Würdigung des Herzens wert.

Im übertragenen Sinne ist ebenso sichtbar geworden, an wie vielen Stellen das Herz eine bedeutende Rolle im Leben einnimmt.

Vergangenes ist vergangen

Jeder Schlag des Herzens lässt den Menschen um einen Moment altern. Ob er will oder nicht, nähert er sich unaufhaltsam dem Geschehen, das von der Natur aus das Ziel am Ende des Lebens steht.

Das Bewusstwerden, dass die Zeit ‚zwischen den Fingern verrinnt', ist keine neue Erkenntnis.

Jüngere Menschen machen sich zu diesem Aspekt aber selten Gedanken.

Ab einem gewissen Alter wird es dem Menschen bewusst, wie schnell das Leben vergeht. Je älter ein Mensch wird, umso deutlicher wird ihm, dass Vergangenes nicht wiederholbar ist. Auch Aussagen wie „Hätte ich damals …" helfen nicht weiter.

„Wäre ich damals nur …"

Davon ausgehend, dass ein Mensch lediglich _ein_ Leben leben darf, kommt die Erkenntnis, wie wertvoll das Leben ist, bei vielen recht spät.

Stressig oder herzlich?

Eine Frage, die sich dann stellt, ist häufig die, wie das Leben (bisher) gelebt wurde. Stressig oder herzlich? Hat es sich ‚gelohnt, so zu leben, wie es geschehen ist? Oder ist Reue zu verspüren?

Damals und heute

Wer sich mit dem ‚finsteren' Mittelalter beschäftigt, wird feststellen, unter wie vielen Ängsten und Aberglauben damals das Leben gefristet wurde. Die Abhängigkeit von der ‚höheren Bevölkerungsschichten' war teilweise erdrückend.

In adeligen Kreisen gehörten allerdings Intrigen und Verschwörungen offensichtlich fast zum täglichen Geschehen.

Trotz aller Widrigkeiten – zumindest aus heutiger Sicht betrachtet – geschahen auch damals herzerweichende Dinge, die sofort Sonnenschein ins Leben brachten.

Das finstere Mittelalter ist vorbei, die Neuzeit strahlt und versetzt den aktuell lebenden Menschen in die Möglichkeit, in eine digitale (Parallel-)Welt eintauchen zu lassen.

Ein Mensch aus dem Mittelalter – besuchsweise für einen Tag in die heutige Zeit versetzt – würde die Welt und die Bevölkerung höchstwahrscheinlich nicht im Geringsten verstehen.

Die Änderungen und Veränderungen, die sich über die Jahrhunderte ergeben haben, verdankt die Menschheit ihrem Verstand und ihrem Herzen.

Heutige Gesetze sollen dafür sorgen, dass die Menschen geschützt sind und dass Übeltäter entsprechend bestraft werden. Allgemeingültige Umgangsformen helfen, das gesellschaftliche und berufliche Miteinander problemlos zu bewältigen, ohne jemandem aus Versehen auf den Fuß zu treten oder ihn gar bloßzustellen.

Theoretisch kann jede/r so leben, wie sie/er das möchte. Natürlich immer unter der Prämisse, „solange niemand anderes geschädigt wird".

Die fantastische Vielfalt der sexuellen Lebensvarianten, des beruflichen Spektrums, des gesellschaftlichen Miteinanders, der Freiheit von Wort und Schrift und vielen anderen mehr zeigt sich als bewahrenswerte Werte, die teilweise mühsam errungen werden mussten.

Jede und jeder könnte im Sinne der Toleranz in Frieden miteinander leben, egal in welcher Kultur er groß wird. Jeder könnte nach Herzensfreude sein Leben in der Gesellschaft und mit anderen so gestalten, dass er glücklich wird.

Abschottung nach außen

Zwar bietet die Realität die theoretische Möglichkeit des herzlichen Umgangs miteinander, zeigt aber ein anderes Bild. Ein Bild des teilweise unhöflichen bis aggressiven Miteinanders (oder besser des Gegeneinanders).

Dass sich ein Jeder selbst am nächsten steht, ist nachvollziehbar. Allein schon deswegen, weil ein Einzelner von Natur aus das Ziel erhielt, zu überleben. Er will und muss sein Leben erhalten und schützt sich entsprechend.

Diese Überlegung rechtfertigt allerdings nicht das aggressive egoistische Vorgehen. Bei genauer Betrachtung entsteht der Eindruck, dass das Individuum in der Gesellschaft gar nicht auf andere angewiesen sein möchte, geschweige denn auf deren Wunsch nach Hilfestellung oder Unterstützung.

So erfolgt teilweise eine regelrechte Abschottung nach außen. Es werden nur noch die eigenen Bedürfnisse gesehen und die gesetzten Ziele ungeachtet möglicher Bedenken angestrebt. Überraschend viele Menschen denken: Der Verstand sagt, wie vorzugehen ist. Fakten und Zahlen spielen eine Rolle, Emotionen stören dabei nur.

Dieses Verhalten führt zwangsläufig zum Verlust oder zumindest zur Minimierung der zwischenmenschlichen Herzlichkeit. Der Starke erhält, was er will.

Ist das nicht ein Schritt zurück ins Mittelalter? Ist das wirklich gewollt?

Verzweifelter Ruf nach Herzlichkeit

Zeigen nicht die vielen Beispiele in diesem Buch, die sich rund ums Herz drehen, die vielen Symbole, in denen das Herz eine Rolle spielt, die vielen Redewendungen, die das Herz beinhalten, vielmehr deutlich, welche Wichtigkeit die Emotionen einnehmen?

Scheinen diese häufigen Vorkommen des Herzens nicht förmlich ein verzweifelter oder versteckter Ruf nach menschlicher Nähe, nach Emotion, nach Wärme, eben nach Herzlichkeit zu sein?

Geht es dem Menschen nicht besser in einer Gesellschaft, in der er zwar nach Herzenslust das tun kann, was er will, aber auch eine gewisse Herzensgüte anderer spürt?

Herz zeigen

Weiter oben wurde die Frage gestellt, wie der Mensch sein Leben gestalten möchte. Stressig oder herzlich? Diese Frage kann jeder für sich beantworten, wenn er denn möchte.

Sollte er sich für die Variante ‚herzlich‘ entscheiden, ist es gar nicht so schwierig, diese Alternative auf- beziehungsweise aus-zubauen. Einige Tipps wurden in diesem Buch gegeben.

Zeigen Sie anderen gegenüber Herz. Sie werden erkennen, dass andere auch Ihnen ihr Herz öffnen. Gestalten Sie Ihr Dasein be-tont ‚herzhafter‘.

Keine Sorge, der Verstand leidet darunter nicht. Er wird sich ar-rangieren, sodass Herz und Verstand in gutem Einvernehmen für eine lebenswerte Zeit sorgen.

Ein herzliches Dankeschön

Dieser Epilog startete mit einem ‚Herzlichen willkommen‘ und en-det – so wie es sich gehört – mit einem ‚herzlichen Dank‘.

Also heißt es: Herzlichen Dank für die investierte Zeit. Ihnen, liebe Leserin und lieber Leser, viel Freude und Kurzweil bei Ge-danken rund um das Thema Herz, sowie Erfolg bei der prakti-schen Anwendung der einen oder anderen Anregung.

Horst Hanisch

„Lebt wohl. Und wisst, dass alles Quark ist – außer einem fröhlichen Herzen, das seiner bei aller Gelegenheit mächtig ist."

Matthias Claudius, dt. Dichter

(1740 – 1815)

Stichwortverzeichnis

Knigge als Synonym und als Namensgeber

Umgang mit Menschen

*„Suche weniger selbst zu glänzen,
als andern Gelegenheit zu geben,
sich von vorteilhaften Seiten zu zeigen,
wenn Du gelobt werden und gefallen willst"*
*Adolph Freiherr Knigge, aus dem Buch „Über den Umgang mit Menschen", 1788
(1752 - 1796)*

Adolph Freiherr Knigge

Schon zu seinen Lebzeiten war Adolph Freiherr Knigge (1752 – 1796) umstritten. Knigge setzte sich durch sein energisches Eintreten für die Ziele der Aufklärung, so wie er sie verstand, scharfen Angriffen aus.

Er arbeitete als Romanschriftsteller und Satiriker, sowie als politischer Schriftsteller. Er gehörte den Freimaurern an.

Heute ist Knigge vor allem seines Buches wegen ‚Über den Umgang mit Menschen' (1788) bekannt. Und zwar deswegen, weil sein Werk als Etikette-Buch angesehen wird.

Knigge verdankt seinen heutigen Ruf und Erfolg aber einem Missverständnis. Denn: Das Werk Adolph Freiherr Knigges gilt als Etikette-Buch ersten Rangs. Allerdings beschreibt Knigge keine Regeln wie mit Besteck umzugehen ist, oder das Verhalten bei Tisch, stattdessen offenbart er eine praktische Lebensphilosophie im Umgang mit Mitmenschen.

Er gibt Anleitungen und Anregungen, wie mit seinen Mitmenschen richtig umzugehen ist. Knigge hoffte damit, dass die Menschen glücklich und froh miteinander leben könnten.

Sein Buch erschien 1788 und war schon kurze Zeit in fast allen Haushalten zu finden. Über 200 Jahre lang prägte sich sein Buch im Bewusstsein der Leser als praktisches Handbuch über gutes Benehmen ein.

In drei Teilen seines Buches hat Knigge über den Umgang mit verschiedenen Menschengruppen geschrieben, zum Beispiel:

- Über den Umgang mit Leuten von verschiedenen Gemütsarten, Temperamenten und Stimmungen des Geistes und des Herzens (Erster Teil, 3. Kapitel)

- Über den Umgang mit Frauenzimmern (Zweiter Teil, 5. Kapitel)

- Über das Verhältnis zwischen Wohltätern und denen, welche Wohltaten empfangen; wie auch unter Lehrern und Schülern, Gläubigern und Schuldnern (Zweiter Teil, 10. Kapitel)

- Über den Umgang mit den Großen der Erde, mit Fürsten, Vornehmen und Reichen (Dritter Teil, 1. Kapitel)

Obwohl es heute klar ist, dass Knigge anderes verfolgte, als wir unter seinem Namen verstehen, soll ‚Knigge' als Synonym für den Bereich stehen, dem sich das vorliegende Buch widmet.

12 Ratgeber in der kleinen Knigge-Reihe

Der kleine ... -Knigge [2100]

Anstands- und Banausen-...
Business- und Kunden-...
Büro- und Kollegen-...
Gäste- und Gastgeber-...
Gesellschafts- und Freunde-...
Outfit- und Stil-...
Interkulturelle- und
Auslands-...
Bewerbungs- und
Vorstellungs-...
Event- und Feste-...
Gastro- und Tischsitten-...
Speisen- und Exoten-...
Trinkkultur- und Getränke-...

Je 88 Seiten

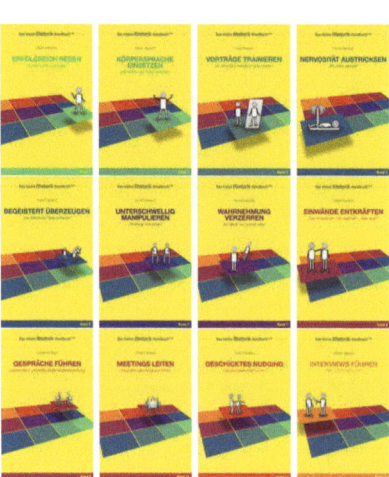

Das kleine Handbuch der Rhetorik [2100]

Erfolgreich reden „Die Kunst, flott vorzu-
tragen"
Körpersprache einsetzen „Mit Händen
und Füßen sprechen"
Gezielt trainieren „Ich will endlich erfolg-
reich präsentieren!"
Nervosität austricksen „Mir zittern die
Knie"
Begeistert überzeugen „Das rhetorische
Feuer entfachen"
Unterschwellig manipulieren „Ich kriege
dich schon!"
Wahrnehmung verzerren „Ich glaub' nur,
was ich sehe."
Einwände entkräften „Das ist doch gar
nicht machbar! – Oder doch?"
Gespräche führen „Zielorientierte und
zeitsparende Gesprächslenkung"
Meetings leiten „Besprechungen erfolgreich führen"
Geschicktes Nudging „Das versteckte Anschubsen"
Interviews führen „Darf ich Sie mal fragen?"
Je 100 Seiten

Das Märchen der ...
professionellen Argumentation
harmlosen Fragen
sauberen Wahrheit
vertrauenswürdigen Fairness

... in der Rhetorik [2100]
Je 100 Seiten

4 Ratgeber in der Ego-Management-Reihe

Persönlichkeits-Management – Ego-Knigge 2100 Soft Skills, Selbst-Reflexion und Selbst-Bewusstsein

Stress-Management – Ego-Knigge 2100 Lampenfieber, Stressoren, Gerüchte, Mobbing, Burnout, Stressvermeidung

Zeit-Management – Ego-Knigge 2100 Umgang mit der Zeit, Organisation von Arbeitsabläufen, Perfektionismus, Zielsetzung

Gedächtnis-Management – Ego-Knigge 2100 Gehirn, Intelligenz, Schwachsinn – Hochbegabung, Gedächtnis, Lerntechniken.

Jeder Ratgeber 104 Seiten, A5, kartoniert

4 Ratgeber der Reihe Lebenseinstellung

Aberglauben-Knigge 2100 Von schwarzen Katzen, der linken Hand des Teufels und den Glücksbringern
Lügen- und Egoismus-Knigge 2100 Überleben durch Flunkern, Schummeln und Täuschen! Macht, Respekt, Wertschätzung? Lebenslüge und Lebensschutz
Glücks-Knigge 2100 Vom Glücklichsein, positiven Denken und von Freundschaften
Angst- und Optimismus-Knigge 2100 Die Furcht beherrschen, Ängste nutzen und positiv durchs Leben gehen.

Jeder Ratgeber 216 Seiten, A5, kartoniert

3 Ratgeber Bräutigam, Braut und Brautpaar

Bräutigam-Knigge 2100 Verlobung und Polterabend, Schwiegereltern und das Ja-Wort, Hochzeits-Outfit und Hochzeits-Kutsche

Braut-Knigge 2100 Brautkleid und Accessoires, Das große Hochzeitsfest, Höhepunkte und Hochzeitstanz

Brautpaar-Knigge 2100 Historisches und Sonderbares, Planung und Organisation, Aberglaube und Hochzeitsbräuche.

Jeder Ratgeber 104 Seiten, A5, kartoniert

3 Ratgeber Selbst-Coaching

Selbstbewusstsein Knigge 2100 Ich bin, ich kann, ich will. Das eigene Leben bestimmen, Soft Skills, The Winner 1.

Selbstwertgefühl Knigge 2100 Steh auf! Werde aktiv! Zeige Profil! Das eigene Leben beeinflussen, Motivation, The Winner 2.

Selbstoptimierung Knigge 2100 Optimistischer, attraktiver, authentischer. Das eigene Leben gestalten, Ansprüche, The Winner 3. Jeder Ratgeber 120 Seiten, A5, kartoniert

Leben und Lifestyle

Adam allein auf der Welt Knigge ^{2100} Ein Buch mit Bildern vom ersten Menschen, seinen Gedanken und seiner Körpersprache, 104 Seiten, A5, ca. 155 Fotos

Jugend-Knigge ^{2100} Knigge für junge Leute und Berufseinsteiger, 152 Seiten

Alters-Knigge ^{2100} Abgehängt und abgeschoben? Altersdiskriminierung? Akzeptanz des Älterwerdens!, 152 Seiten

Zukunfts-Knigge ^{2100} Umgangsformen in 100 Jahren. Zusammenleben mit Menschen, Maschinen und menschenähnlichen Robotern, 172 Seiten A5 kartoniert

KI-Knigge ^{2100} Leben mit der Künstlichen Intelligenz, 196 Seiten A5 kartoniert

Wertschätzung-Knigge ^{2100} Gleichberechtigung, Gender und Respekt, Sexuelle Orientierung, Umgang bei Diskriminierung und Mobbing, 152 Seiten A5

Hochzeits-Knigge ^{2100} Hochzeitsbräuche, Geschenke, Brautjungfer, Trauung, Festgäste und Festmahl, 310 Seiten A5

Ü65- und Senioren-Knigge ^{2100} Die junge Alten und die alten Jungen, Kommunikation und Verständnis zwischen den Generationen, 180 Seiten A5

Blumen-Knigge ^{2100} Historisches, Mystisches, Festliches, Blumensprache, Umgang mit Blumen-Präsenten, 144 Seiten A5

Bekleidung! Ausdruck der Persönlichkeit – Lukas' Outfit-Knigge ^{2100}, 196 Seiten A5

Nudel-Knigge ^{2100} Himmlische Teigwaren, 140 Seiten A5

Der Interkulturelle Kompetenz-Knigge ^{2100} Kultur, Kompetenz, Eindrücke – Gesten, Rituale, Zeitempfinden – Berichte, Tipps, Erlebnisse, 240 Seiten A5

China-Deutschland-Knigge ^{2100} Chinesen in Deutschland, 104 Seiten A5

Dschungel-Knigge ^{2100} Umgang in ungewohnter Umgebung, 192 Seiten A5

Von allen guten Geistern verlassen-Knigge ^{2100}, 132 Seiten A5

Herz-Knigge ^{2100} Haltung, Herzlichkeit, Hilfestellung, 280 Seiten A5

Der Dicke-Knigge ^{2100} Aus dem prallen Leben des Dicken, 104 Seiten A5

Typisch Frau – Typisch Mann Knigge ^{2100} Unterschiede und Gemeinsamkeiten im Umgang mit dem anderen Geschlecht, 128 Seiten A5

Kulinarischer und Gastronomischer Knigge ^{2100} 284 Seiten A5

Klo- und Pinkel-Knigge ^{2100} Vom privaten und öffentlichen Bedürfnis – Umgangsformen im Tabu-Bereich, 104 Seiten A5

Alles hat seine Zeit-Knigge ^{2100} Umgang mit der Zeit, 294 Seiten A5

Omi hüpf' mal Märchen meiner Großmutter, Erlebnisse ihre Jugend und wahre Geschichten meines Vaters von und über Omi Rickchen, Hardcover, 312 Seiten

Der Hunde-Knigge ^{2100} Umgang mit dem Hund – Hundesprache – Der Hund in der Gesellschaft, 180 Seiten A5

Welcome to Germany-Knigge ^{2100} Umgangsformen, Verhaltensmuster und gesellschaftliches Miteinander im deutschsprachigen Europa, 108 Seiten A5

Besuch willkommen Knigge ^{2100} Einladung, Gast, Geschenk, Empfang, Feier, Gastfreundschaft, 200 Seiten A5

Leben, Tod und Ansichten Austausch mit Berühmtheiten über Wichtiges und Unwichtiges im Leben, 116 Seiten A5

Last List Leid ^{2100} Verlogene Welt?, 160 Seiten A5

Mensch Macht Mörder ^{2100} Verfall der Umgangsformen?, 260 Seiten A5

Tod, Trauer, Totenkult-Knigge ^{2100} Sterben, Trost, Takt, Bestatten, Tradition, Vorsorge, Tabus, Vergänglichkeit und Sonderbares, 212 Seiten A5

Corona-Knigge ^{2100} Umgang mit dem Virus, 88 Seiten 12x19, kartoniert

Das kleine Knigge-Quiz ^{2100} 96 Seiten, 12x19 cm, kartoniert

Leben und Lifestyle

Rhetorik, Soft Skills, Hochschule, Beruf

Rhetorik ist Silber Von den ersten Schritten zu einer perfekten Präsentation, 336 Seiten A5, kartoniert, Zeichnungen

Moderation ist Gold Gesprächsführung, Umfragen, Talkrunden und Manipulation, 274 Seiten A5, kartoniert, Zeichnungen

Lebhafte Körpersprache in Vorträgen, Präsentationen, Gesprächen, 218 Seiten A5, kartoniert, ca. 290 Zeichnungen

Rhetoric – Mastering the Art of Persuasion, 222 Seiten A5, kartoniert

Discussion – Mastering the Skills of Moderation, 192 Seiten A5, kartoniert

Body Language in Europe, 196 Seiten A5, kartoniert, ca. 290 Zeichnungen

Das große Buch der Kommunikation und der Gesprächsführung ^{2100}, 460 Seiten A5, kartoniert, Zeichnungen

Das große Buch der Rhetorik ^{2100} Tacheles reden; Präsentieren; manipulieren und überzeugen, 452 Seiten A5, kartoniert, viele Darstellungen

Trickreiche Rhetorik ^{2100} Psychologische Gesprächsführung, manipulierende Darstellung, unaufdringliches Nudging, 448 Seiten A5, kartoniert, Zeichnungen

Körpersprache ^{2100} **– Lüge, Verrat, Macht**, Im Beruf, vor Gericht, beim Flirt – Gewinnerpose und Demutshaltung; 440 Seiten A5, kartoniert, über 400 Zeichnungen

Soft Skills-Knigge ^{2100} Soziale, Persönlichkeit, Selbstmanagement, 480 Seiten A5, kartoniert, viele Darstellungen

Schlagfertigkeit-, Spontaneität-, Stegreif-Knigge ^{2100} Impulsiv handeln, verbale Angriffe kontern, Störungen entwaffnen, 104 Seiten A5

Pitch Skills und Überzeugungs-Knigge ^{2100} Elevator Pitch, Geldgeber beeindrucken, Feuer versprühen, 128 Seiten A5, kartoniert

Smalltalk-Knigge ^{2100} Vom kleinen Gespräch bis zum charmanten Flirt - Kontakt ausbauen, Sympathie zeigen, Begehrlichkeit wecken, 100 Seiten A5

Quassel-Knigge ^{2100} Quasseln, Quatschen, Quengeln oder Lebenswichtige Kommunikation – Gezielt eingesetzte Rhetorik – Aussagekräftiges Profil zeigen, 112 Seiten A5

Die moderne Führungskraft ^{2100} **Online und Präsenz**, Handbuch für souveräne Vorgesetzte und solche, die es werden wollen, 252 Seiten A5, kartoniert, Zeichnungen

Emotionale Rhetorik im Leben und rund um den Tod ^{2100} Vielfältige Kommunikation – Fiktiver Interview-Austausch mit Berühmtheiten, 260 Seiten A5

Innere Rhetorik ^{2100} Zielführende Kommunikation mit sich selbst, 140 Seiten A5

Kriegerische Rhetorik ^{2100} Sensible Diplomatie, einfühlsame Empathie, 156 Seiten A5

Blumige Rhetorik ^{2100} Zielführende Kommunikation mit sich selbst, 140 Seiten A5

Alles hat seine Zeit – Knigge ^{2100} Umgang mit der Zeit, 294 Seiten A5

Hochschul-Knigge ^{2100} Studentischer Umgang, 132 Seiten A5, kartoniert, Fotos

Jugend-Karriere-Knigge ^{2100} 224 Seiten A5, kartoniert, Zeichnungen, Checklisten

Bewerbungs-Knigge ^{2100} **für Frauen – Tina bewirbt sich / Bewerbungs-Knigge** ^{2100} **für Männer – Tom bewirbt sich**, Vorbereitung, Wahl der Kleidung, Verhalten beim Bewerbungsgespräch, je 128 Seiten A5, kartoniert, Fotos, Checklisten

Online-Bewerbungsgespräche-Knigge ^{2100} **Vorstellungsgespräche auf Distanz – Tina und Tom bewerben sich digital**, 128 Seiten A5, kartoniert, Zeichnungen

Kreativitäts-Knigge ^{2100}, Visionärhaft denken, Scheuklappen sprengen, Mentales Risiko eingehen, 164 Seiten A5, kartoniert

Team und Typ-Knigge ^{2100}, Ich und Wir, Typen und Charaktere, Team-Entwicklung, 128 Seiten A5, kartoniert, viele Darstellungen

Die flotte Generation Y im 21. Jahrhundert, selbstbewusst – lebensbetonend – flexibel, 116 Seiten A5, kartoniert, Zeichnungen

Die flotte Generation Z im 21. Jahrhundert, entscheidungsfreudig – effizient – eigenverantwortlich, 140 Seiten A5, kartoniert, Zeichnungen

Tele-Meeting ^{2100}, Digitale Konferenz, Online-Unterricht, Homeoffice, 104 Seiten A5, kartoniert

Rhetorik, Soft Skills, Hochschule, Beruf

Englisch:

Beratung, Coaching, Seminar

Wer hat nicht gerne mit Menschen zu tun, die selbstbewusst und selbstsicher mit anderen Menschen umgehen?

Geschäftspartnern, die die elementaren Regeln des ‚Benimms' beherrschen, stehen die Türen zum Erfolg offen.

Unternehmen, die neben ihrer fachlichen Leistung auch ‚menschlich' überzeugen wollen, bieten wir für ihre Mitarbeiterinnen und Mitarbeiter aktives Training im Umgang mit Kunden, Gästen, Kollegen und Gesprächspartnern an.

Auf unserer Website informieren wir Sie über unsere Angebote:

- Firmen-Internes-Training
- → Business-Etikette und das Lehrmenü
- → Präsentieren, Moderieren, Kommunizieren
- → Körpersprache und ihre Geheimnisse
- → Teuflische Rhetorik und das Erkennen manipulativer Aspekte
- → Flottes Reden vor und zu anderen
- → Der erste entscheidende Eindruck
- Interkulturelles Training
- → Umgang mit Menschen anderer Kulturen

- Intensiv-Training für
- → TV-Auftritte
- → Vorträge
- → Präsentationen
- → Reden
- Fachliteratur und journalistische Beiträge
- Vorträge/Speaker
- → Vor kleinem und vor großem Publikum
- Workshops
- → Soft Skills
- → Team-Training

Individuelles Coaching für Einzelpersonen: Wer es ganz individuell mag, greift zurück auf ein Einzel-Coaching, auch als Online-Coaching. Hier werden ganz persönliche Herausforderungen angegangen, mit Themen wie:

- → Erscheinungsbild – Der Erste Eindruck
- → Selbstsicheres und authentisches Auftreten
- → Persönlichkeitsentfaltung
- → Bewerbungstraining
- → Rhetorik und Überzeugungskraft

- → Erfolgreiche Verhandlungsführung
- → Kommunikation und Konfliktbewältigung
- → Präsentations-Techniken und Moderation
- → Interkulturelle Kompetenz

und andere Themen – direkt auf die besonderen Bedürfnisse des Einzelnen zugeschnitten. Besuchen Sie uns auf www.knigge-seminare.de